(Pag. 1-256. — N'a pas été continué?)

G
C

19058

RÉSUMÉ
D'HISTOIRE GÉNÉRALE
A L'USAGE DU PEUPLE,

Depuis le 50ᵉ Siècle avant J.-C., jusqu'à la Révolution
Française de 1789 ;

Par CÉZAR AZEMAR.

1ʳᵉ Livraison.

PARIS,
MICHEL COSSONE, IMPRIMEUR-ÉDITEUR,
rue de Vaugirard, 104.
VERSAILLES
MÊME MAISON, AVENUE DE SAINT-CLOUD, 3.
Et chez tous les Libraires de la France et de l'Étranger.

(1840)

Le *Résumé d'Histoire Générale* formera dix livraisons au plus.

Chaque livraison sera composée de huit cahiers, format in-8°.

La première livraison a paru le 1er novembre 1840.

Il sera publié une livraison tous les dix jours.

PRIX DE CHAQUE LIVRAISON

50 cent. à Paris, et 70 cent. par la poste.

Nota. On aura la faculté d'acquérir cet ouvrage par livraisons de quatre cahiers, au prix de 25 centimes.

ON SOUSCRIT A PARIS, AUX DÉPOTS CI-DESSOUS :

J. Bréauté, éditeur, passage Choiseul, 59.
Martinon, rue du Coq-Saint-Honoré, 4.
Paul Masgana, galerie de l'Odéon.
Pigoreau, rue de la Monnaie, 22.
Pariot, rue Bourbon-Villeneuve, 61.
Roubier, rue Verdelet, 4.

A VERSAILLES :

Bernard, rue Satory, 9.
Goubert, rue de la Pompe, 45.
Lemaître, passage Saint-Pierre.
ET CHEZ TOUS LES LIBRAIRES ET MARCHANDS DE PITTORESQUES.

A BRUXELLES :

Gaspart, rue des Éperonniers, 6.

RÉSUMÉ
D'HISTOIRE GÉNÉRALE.

EXPOSITION.

BUT DE L'HISTOIRE.

A moins d'être dominé par un vil égoïsme et une insatiable cupidité, à moins d'être aveuglé par les préjugés de l'ignorance et de la superstition, on est forcé de convenir qu'il existe une loi d'entraînement qui pousse l'espèce humaine vers des améliorations graduelles et successives; force puissante, immense, irrésistible, conduisant à l'égalité par des voies lentes, obscures, détournées et toujours sûres, à travers les sophismes de l'imposture, à travers l'humiliation des masses et le despotisme des aristocraties, à travers les décombres des empires et les cadavres des générations, impulsion fatale et salutaire où se découvre la main invisible d'un ordonnateur providentiel, intelligent, infini. La science qui donne la connaissance de ces péripéties s'appelle science historique, et la tâche de les mettre en relief semble naturellement dévolue à ceux dont les méditations ont été constamment dirigées vers cette étude : à ce titre nous essaierons de retracer à nos concitoyens, et surtout aux prolétaires pour lesquels nous écrivons, le récit des événemens remarquables qui se sont passés sur la terre; nous estimant heureux, si, par les notions du passé, nous parvenons à leur inspirer de la confiance dans l'avenir, et à leur démontrer que le véritable bonheur ne consiste pas à se nuire et à se tromper, mais à se secourir et à s'aimer mutuellement.

D'abord, l'histoire, s'occupant de quelques petites agglomérations d'hommes, fut un narré stérile et froid à la louange d'un certain nombre de chefs; longtemps obséquieuse et servile, elle devint plus tard le panégyrique obligé des capitaines, des rois et des empereurs en possession du pouvoir; plus près de nous, bigote et catholique avec Bossuet, elle aplatit et courba sous le joug de l'obéissance passive, en préconisant une théorie passablement absurde, celle du droit divin; sceptique et railleuse avec Voltaire, elle écrivit pour la classe bourgeoise sans cacher sa coquetterie pour les grands; enfin, de nos jours, il est apparu une école, produit de l'esprit étroit *de la réforme* et engouée de la constitution anglaise : avorton des deux précédentes, elle a travesti l'histoire en roman, espèce de champ-clos où chaque acteur, parlant un langage prétentieux, se montre avec la morgue et la suffisance qu'on connaît aux doctrinaires ; ceux-ci n'acceptent que les faits accomplis, sans tenir compte de leur cause ni de leur moralité. Parmi tous les écrivains que nous venons de citer, aucun ne met le doigt sur la plaie, aucun ne réprouve l'inégalité sociale comme une source inique et perpétuelle de malheurs : dans tous, absence de vues élevées et de cette sensibilité expansive qui se révolte à la vue de l'infâme avilissement dans lequel se trouve plongée la grande majorité *de leurs semblables*.

L'histoire se présente à nos yeux sous un aspect bien différent : nous l'envisagerons comme une mine féconde et inépuisable en enseignemens utiles et éclatans. Expliquant ses oracles, nous apercevrons l'humanité éminemment perfectible, arrêtée sur un point, se faisant bientôt jour sur un autre en broyant les obstacles qui s'opposent à sa marche ; nous reconnaitrons que tout ce qui a existé était nécessairement transitoire, parce que rien de ce qui a existé n'était fondé sur la justice, c'est-à-dire sur l'égalité ; que, par conséquent, les états qui se sont le plus rapprochés de l'égalité ont été les plus florissans, et qu'ils ont accéléré leur ruine quand ils se sont éloignés de ces institutions démocratiques qui établirent et consolidèrent leur puissance.

L'histoire est le résumé des progrès accomplis, et l'humanité a été constamment progressive. En effet, sans vouloir examiner le fond de la question, examen qui nous conduirait trop loin, et sur lequel nous nous proposons de revenir; sans prétendre débrouiller le chaos des premiers âges du monde, si nous passons aux époques où l'empire romain succombait de toute part sous le débordement affreux de ses empereurs et sous le cynisme effrayant des systèmes philosophiques les plus contraires à la saine raison, nous voyons le Christianisme, apportant un frein à tant de désordres, se poser comme un consolateur entre le passé et l'avenir, et, prêchant le saint dogme de la charité et de l'égalité, grandir par la persécution et obtenir en dernier résultat l'abolition de l'esclavage; après, s'asseyant sur le trône des Césars, et défiguré dans un but despotique et théocratique, il dégénère en catholicisme, dont la mission, malgré les reproches que nous sommes des premiers à lui adresser, fut de fonder l'unité politique et religieuse desquelles la civilisation moderne est la fille. Au 16me siècle, Luther, en proclamant la doctrine du libre examen, ébranla le pouvoir des papes et ouvrit la carrière à la philosophie du 18me siècle, qui lui porta les derniers coups et prépara la révolution française, ce gigantesque ébralement qui, engloutissant et priviléges et privilégiés, enfanta, après des déchiremens inouïs, l'égalité civile, qui, nous l'espérons, sera incessamment suivie de l'égalité politique, et plus tard de l'égalité sociale. Antérieurement à ceci, la féodalité avait exhalé son dernier soupir en France, aux efforts combinés des rois et du peuple, dont ceux-là s'étaient fait un utile auxiliaire pour s'assujétir les grands vassaux, et qu'ils répudièrent après avoir terrassé ces dangereux ennemis; de son côté, le peuple, désillusionné par l'ingratitude des rois, reporta sur eux la haine qu'il vouait jadis à ses gothiques oppresseurs : voilà ce qui explique son unanime et tumultueux élan aux héroïques combats du 14 Juillet 1789 et du 10 Août 1792. Ensuite, sous l'empire (quand la noblesse, infidèle à ses traditions chevaleresques, courait en foule se vautrer honteusement dans les antichambres d'un homme qui n'était pas sorti de ses rangs), le peuple, ne pouvant plus respirer l'air de la liberté, chercha du moins une distraction à son souvenir dans la gloire des armes : et s'il parut sommeiller sous la restauration, il se réveilla encore terrible, généreux et sublime au bruit du canon de Juillet 1830.

A d'autres, le triste monopole de s'extasier sur les éloges des républiques de la Grèce et de Rome, dans lesquelles les droits d'un grand nombre étaient comptés pour peu de chose ; à d'autres, le mérite très ordinaire d'emboucher les trompettes de la renommée en l'honneur des richesses d'un Crésus, des galanteries d'un Alcibiade, de la gourmandise d'un Lucullus, des exploits d'un Pompée, de la magnanimité d'un Octave, et du faste insolent d'un Louis XIV; à nous, la mission plus austère et plus profitable d'instruire et de moraliser le peuple par les leçons et l'expérience des siècles écoulés. Possédant les élémens propres à former les convictions, et nous dépouillant des préventions injustes des divers temps et des divers lieux, nous restituerons à chaque chose, à chaque personnage, son vrai caractère. Par exemple, loin de partager la moindre solidarité avec ceux qui attachèrent le Christ à un gibet, avec ceux qui immolèrent les Gracches, avec ceux qui traînèrent à l'échafaud Robespierre et les membres les plus purs de la Montagne (1), nous nous réservons de prouver que ces nobles victimes de la superstition, du privilége et de la corruption, sont les seules qui aient possédé l'intelligence des besoins de leurs époques, les seules qui aient émis des idées véritablement hu-

---

(1) Nous nous proposons de publier incessamment un *Résumé de la Révolution française*.

maines et consolatrices. Apôtres de la sainte cause de l'égalité, nous pèserons dans les balances de l'histoire les actions des hommes au poids de la justice et de la vérité ; et malheur aux réputations usurpées ! Nous les citerons sans respect et sans ménagement à ce redoutable tribunal : là, Périclès ne sera plus le protecteur des sciences et des beaux-arts, mais le tyran de son pays ; là, le fils de Philippe de Macédoine ne sera plus le conquérant élevé par la flatterie au rang des Dieux, mais le faible mortel dégradé par l'ivrognerie et la débauche, mais le dévastateur de la terre et l'assassin de ses meilleurs amis ; là, Cicéron ne sera plus le sauveur de Rome, ne sera plus le magnifique orateur tonnant contre les crimes de Verrès et défendant Milon, mais l'avocat renégat, mais le patricien orgueilleux des priviléges de sa caste qu'il veut maintenir à tout prix, mais le rhéteur énervé, dépourvu du vulgaire courage de terminer avec énergie une vie flétrie par la douleur ; là, *le bon* Henri de Navarre ne sera plus le père des Français, mais un hypocrite adroit et un libertin effronté des vices duquel les courtisans ont fait des vertus ; là, Louis XVI ne sera plus un martyr sacrifié à la rage de ses bourreaux, mais un traître justement condamné pour avoir appelé sur sa patrie les calamités de l'invasion étrangère.

La religion a exercé une si haute influence sur les lois, les formes gouvernementales et les mœurs des nations, qu'il sera indispensable de s'appesantir sur un point de cette importance. Nous la considérerons sous ces deux aspects opposés : dans ce qu'elle a eu de favorable au progrès, et dans ce qu'elle a eu de contraire à ce même progrès ; nous dirons pourquoi, sous le paganisme, il y eut peu de guerres de religion, et pourquoi il s'en éleva tant depuis l'établissement du Christianisme ; nous dirons pour quels motifs et par qui ont été excitées, fomentées, envenimées ces sanglantes contestations ; nous dirons comment, après s'être haï, querellé, combattu, exterminé pendant des centaines d'années pour des abstractions métaphysiques sans les comprendre, l'on a fini par se rapprocher, et, se connaissant mieux, l'on s'est convaincu que chaque croyance contenait du bon et du mauvais, que chaque pays avait ses sages et ses méchans. Comparant l'esprit civilisateur du Christianisme avec l'esprit stationnaire du Mahométisme et du Polythéisme, nous montrerons les peuples chrétiens progressant sans cesse, tandis que les autres sont comme immobilisés depuis des siècles. Dans ce pénible travail, nous serons soutenus par un guide qui nous trompe rarement, par une foi constante et inébranlable en nos principes. Adorateurs de Dieu juste, puissant, éternel, miséricordieux, notre religion à nous se renfermera dans ce divin précepte : *ne faites pas aux autres ce que vous ne voudriez pas qu'on vous fît*; de là, liberté de conscience; de là, tolérance pour tous les cultes, *pourvu* qu'ils ne portent pas atteinte à la morale et à la tranquillité publiques.

Si la volonté se communique aux corps politiques par la législation, le mouvement et la puissance leur sont imprimés par les gouvernemens. Ceux-ci sont de trois espèces primordiales qui se subdivisent en plusieurs nuances : la démocratie où le grand nombre gouverne; l'aristocratie, le petit; la monarchie, un seul. L'histoire nous mettra à même de décider quelle est la meilleure forme et quels sont les signes d'un bon gouvernement. Passant en revue la majeure partie de ces établissemens, leurs guerres, leurs traités de paix et d'alliance, leurs conquêtes et leurs revers, leurs prospérités et leurs décadences, leurs tendances progressives et rétrogrades, progressives quand elles s'appuient sur l'égalité, rétrogrades quand elles s'en écartent, nous demeurerons convaincus que si, pour l'ordinaire, les gouvernemens ont couru de la démocratie à l'aristocratie, et de l'aristocratie à la monarchie, il faut l'attribuer à un malaise profond qui ronge les entrailles des sociétés en l'absence de remèdes efficaces ; qu'il n'a jamais existé d'ailleurs de parfaite démocratie ; et qu'en fait de liberté, de sociabilité, de bien-être, la prééminence est acquise aux modernes. Paradoxe, dira-t-on ! Eh ! de l'ilotisme à l'esclavage, de l'esclavage à la glèbe, de la glèbe au prolétariat actuel, n'y a-t-il pas un monde ? Quel juste sujet de s'abandonner à l'espérance d'assister un jour à l'émancipation matérielle, morale et intellectuelle des masses ?

La législation est aussi composée de trois branches : de lois politiques, de lois civiles et de lois pénales. Les premières ordonnent la constitution fondamentale, c'est-à-dire les rapports du souverain à l'état ; les secondes concernent les intérêts réels et personnels ; elles déterminent les règles à suivre dans les relations des membres, soit entre eux, soit envers l'état ; les troisièmes punissent la désobéissance aux lois, et ne sont, à proprement parler, que la sanction des deux autres. Nous suivrons les systèmes des principaux législateurs, et nous les trouverons marqués au coin de la philanthropie en proportion qu'ils garantissent la jouissance et la conservation des droits individuels et généraux, en proportion qu'ils astreignent à l'observation des devoirs qui se rattachent à ces droits. Il ne sera pas inutile de mettre leurs conceptions en parallèle avec les théories de nos économistes modernes, théories qui nous paraissent l'emporter sur celles des anciens, auxquels la science économique était inconnue, en ce qu'elles formulent une vaste combinaison de lois civiles, industrielles, financières et territoriales. Nous nous arrêterons un peu sur les mœurs, les coutumes et les usages des peuples qu'on pourrait nommer une quatrième espèce de lois, puisque souvent elles les suppléent et en tiennent la place par la force de l'habitude; or, ces choses sont le produit de l'éducation sur laquelle elles réagissent à leur tour.

Il ne sera pas hors de propos d'étudier l'éducation chez les peuples les plus célèbres; car c'est par elle que les hommes sont courageux ou timides, religieux ou bigots, généreux ou égoïstes, etc.; c'est à elle qu'ils doivent la connaissance de leurs droits et de leurs devoirs, le sentiment du beau, les inspirations de la justice et du dévouement, tous les sentimens élevés; c'est elle qui donne la vie aux sociétés et les pousse dans les voies du perfectionnement et du progrès; c'est elle qui, enlevant l'individu à ses propres passions et à ses intérêts privés, lui inspire une abnégation philantrhopique se sacrifiant pour et au nom de l'humanité; c'est elle qui forme des génies extraordinaires dans la guerre, dans la magistrature, dans les beaux-arts, dans les sciences, partout.

Il ne s'agit pas seulement ici des premiers rudimens qu'on applique à l'instruction de l'enfance, mais de cet enseignement vaste et fécond qui, prenant l'homme à sa naissance, l'accompagne dans son existence et le suit encore au-delà de la tombe, de cet enseignement social qui engendre le sage, le philosophe, le citoyen ; et, nous ne saurions trop le répéter, il est peu d'esprit public là où il n'est point d'éducation nationale. Dans les républiques de l'antiquité, les jeux, les spectacles, les ateliers, les discours de la place publique, les cérémonies religieuses, portaient l'empreinte de l'amour de la liberté, de l'horreur de l'esclavage, de la gloire attachée aux actions héroïques et vertueuses, et par conséquent soulevaient et enflammaient le patriotisme local : c'est qu'alors les législateurs, sobres de lois, multipliaient les usages, les rites, les coutumes qui ne laissaient aucune des forces de l'activité humaine en dehors du système qu'ils adoptaient. Pendant un très long intervalle, il n'a été donné qu'à la Convention d'entrevoir la solution du problème, « et ce n'est pas sans raison ainsi que l'a » écrit [n° 6 de la *Rev. rép.*, publié le 15 Septem- » bre 1834] un auteur (A. Marrast) auquel nous

» avons emprunté le fond des idées que nous ve-
» nons d'émettre, que nos pères, après avoir dé-
» truit tout l'ancien monde, avaient créé des fêtes
» pour la vieillesse, l'amitié, la raison ! Les magni-
» fiques cérémonies de la fédération n'étaient pas
» une vaine pompe; et quand la convention décré-
» tait qu'un homme avait bien mérité de la patrie ;
» quand elle accordait à un citoyen les honneurs de
» sa séance ; quand elle creusait les fondemens
» d'une instruction publique où le catéchisme social
» devait être expliqué; quand elle jetait aux vents
» la poussière des vieux monumens, qu'elle an-
» nonçait aux peuples à quelles conditions on avait
» droit à la mémoire et au respect de la postérité ;
» quand au milieu des bruits de la guerre, des tour-
» mentes des partis; quand au sein de la confusion
» et des ruines, elle avait le courage de s'arrêter
» pour penser à ces puissantes institutions, elle
» prouvait combien les mœurs avaient d'importance
» à ses yeux. »

L'éducation procure les sciences, les lettres et les beaux-arts, tous ces embellissemens mystérieux de la vie dont le vulgaire comprend à peine les bienfaits. Ils consolent et soutiennent dans le malheur ; ils font goûter de délicieux momens dans la prospérité ; ils chassent l'ennui ; ils embellissent la solitude; ils animent les sites, les vergers, les vallons, les bois : tout, enfin, parle à l'imagination. Heureux celui qui, possesseur de leurs dons précieux, peut, se laissant aller aux douces et mélancoliques rêveries de l'esprit, se livrer avec ardeur à la contemplation des beautés de la nature et de l'art! Quelle abondance de réflexions, de jouissances, de découvertes! Quand le pasteur arabe foule avec indifférence sous ses pieds les décombres d'une illustre cité; quand l'Égyptien stupide reste muet et insensible à la vue de ses gigantesques monumens; quand l'ignorant regarde avec froideur les conceptions de l'artiste sur la toile, lui s'assied avec émotion sur les ruines de Palmyre, mesure d'un œil curieux la hauteur des pyramides, et s'écrie hors de lui en voyant un chef-d'œuvre de Rubens : « moi aussi je suis peintre! »

Les sciences, les lettres et les beaux-arts sont des agens actifs de la civilisation; ils bannissent des cœurs les sentimens abjects pour leur substituer des sentimens d'équité et de vertu. Exaltant les hommes dont le brillant génie a plaidé la cause de la justice et de l'égalité, nous flétrirons impitoyablement les talens assez vils pour se prostituer à corrompre, à flagorner et à flatter.

En vain voudrions-nous découvrir les vestiges

des siècles d'ignorance, il n'en subsiste aucun ; il ne subsiste pas même des ruines pour les arracher au néant ; tandis que les siècles de lumières sont ineffaçables et passent à la postérité la plus reculée avec les noms de ceux qui les immortalisèrent.

Avec le flambeau de l'histoire, nous éclairerons la marche des sciences, des lettres et des arts. Apportés de l'Égypte dans la Grèce et de la Grèce à Rome, chassés de Rome par les Goths, ils émigrèrent à Constantinople pour y revenir ensuite repoussés par les Turcs ; ils y fleurirent bientôt, comme si le destin de cette ville devait être d'occuper deux fois le titre de reine du monde. De Rome, ils se répandirent dans le reste de l'Italie, de là en France et dans toute l'Europe. Nous recueillerons leurs progrès, et nous tâcherons de n'oublier aucun des hommes qui ont donné le branle à l'esprit humain, en ayant soin de conserver leurs physionomies distinctives, et nous en rencontrerons souvent sous notre plume ; à chaque âge, à chaque contrée, ses écrivains, ses poètes, ses peintres, ses sculpteurs, ses philosophes, ses orateurs, ses génies en tout genre : à la Grèce, ses Homère, ses Appelle, ses Phydias, ses Anaxagore, ses Pythagore, ses Démosthène, ses Socrate, ses Platon, ses Aristote ; à l'ancienne Rome, ses Virgile, ses Horace, ses Lucrèce, ses Cicéron, ses deux Pline ; à l'Italie, ses Raphaël, ses Michel-Ange, ses Galilée, ses Toricelli, ses Tasse, ses Arioste, ses Guarini ; à la France, ses Corneille, ses Racine, ses Voltaire, ses Descartes, ses Bossuet, ses Massillon, ses Rousseau, ses Bayle, ses Pascal, ses Buffon, ses Montesquieu, ses David, ses Mirabeau, ses Danton ; à l'Espagne, ses Cervantès et ses Mariana ; à l'Angleterre, ses Shakespeare, ses Boyle, ses Bacon, ses Newton, ses Locke, ses David Hume, ses Charles Fox, ses lord Byron ; à l'Allemagne, ses Copernic, ses Leibnitz, ses Goëthe, ses Schiller, ses Beethowen.

Nous placerons ici une réflexion consolante. Les sciences s'appliquant à l'art militaire, rendent désormais impossible le triomphe de la barbarie sur la civilisation. La force du corps ne faisant plus la loi des batailles, le spectacle d'une nouvelle invasion de barbares, opérant la destruction des empires civilisés, ne se renouvellera plus ; il faudrait pour cela qu'ils apprissent les sciences et les arts, et s'ils acquéraient ces connaissances, ils se policeraient, ils cesseraient alors d'être barbares.

Nous ajouterons que les arts, les lettres et les sciences enfantant la délicatesse du goût et l'invention de procédés expéditifs et économiques, sont d'une utilité incontestable à l'industrie dont ils activent les progrès.

L'industrie a pour résultat de mettre chacun à portée de satisfaire à ses besoins matériels et moraux, en augmentant la production, et en produisant les richesses nationales et particulières. Nous scruterons brièvement comment elle fut autrefois stationnaire en l'absence de notions étendues sur la physique, la chimie, la mécanique et les sciences accessoires ; comment son essor fut comprimé par les jurandes, les maîtrises, les priviléges de toute espèce ; comment la révolution française, brisant ces entraves, elle prit un développement immense ; comment depuis d'autres chaînes ont été forgées et se sont perpétuées jusqu'à nous. Nous nous permettrons d'indiquer, entre autres remèdes à cet état de malaise, la diminution graduelle, puis la suppression totale des tarifs de douanes, l'établissement de communications promptes et sûres par le moyen des canaux, des chemins de fer, et par la puissance de la vapeur, et principalement la promulgation de lois égalitaires qui, proclamant la fraternité universelle, réuniraient tous les peuples en une seule famille : ceux-ci affluant dans des marchés inter-nationaux où les productions des deux hémisphères deviendraient communes, on verrait fructifier à l'envi les trois branches d'industrie : agriculture, manufacture et commerce, qui ont entre elles des relations si intimes, qu'une seule ne saurait souffrir sans préjudice pour la prospérité des deux autres.

L'agriculture, dans l'enfance des sociétés, ignorant les procédés les plus simples, et réduite aux moyens les plus grossiers, produisait à peine de quoi ravir aux angoisses de la faim les populations qui étaient forcées de s'y adonner. Alors, dans la nécessité de se nourrir de glands, de fruits amers, de racines sauvages, et de disputer à la brute une nourriture peu substantielle, elles durent accueillir avec allégresse toute invention apte à diminuer leur travail. Aussi ne sommes-nous pas surpris de voir Triptolème déifié pour avoir doté sa patrie de la charrue.

L'agriculture, perfectionnée et honorée par les Romains, qui célébrèrent des fêtes en l'honneur de Cérès, et qui souvent allèrent chercher, auprès de la charrue, pour les revêtir de la pourpre consulaire et dictatoriale, ces citoyens habiles à sauver leur pays dans la détresse; remise par eux, après qu'ils furent devenus efféminés, mous et lâches, entre les mains de leurs esclaves; méprisée par les barbares qui démolirent ce colosse; gênée sous le moyen âge par les corvées et les innombrables tracasseries du servage ; l'agriculture n'était rien en comparaison de ce qu'elle est devenue depuis par les découvertes des sciences, de ce qu'elle est aujourd'hui en France, en Angleterre, en Allemagne et ailleurs. Tout en convenant de ses bienfaits et de son action fécondante sur la fortune publique, nous ne serons pas de ceux qui la révèrent comme la seule ou la principale source des richesses nationales : quand elle a tiré les produits du sein de la terre, ils ne sont pas parvenus à leur plus haute expression de valeur; un de ces soins est confié aux manufactures.

Cette industrie est originaire de l'Asie, le berceau des arts et de la civilisation : dans ce pays enchanteur, où les fruits de la terre viennent presque sans culture, l'esprit d'invention eut assez de temps pour écouter la voix de ses inspirations. Transportée en Europe par les croisades, Rome papale fut la première à l'emprunter à l'Orient, à qui elle avait déjà emprunté les dogmes de sa religion. L'histoire nous découvrira son exportation de l'Italie en Flandre, de la Flandre en Angleterre, de l'Angleterre en France, et de la France en d'autres contrées. En ce moment, nous ne nous sentons pas de force à offrir le tableau des avantages et des progrès de l'industrie manufacturière, même de ce qu'elle fut en premier lieu, lorsqu'exigeant un énorme travail manuel, elle enlevait à l'agriculture, qui y perdait infiniment, des bras qui lui étaient d'un grand secours ; lorsque, nécessitant un prix démesuré de main-d'œuvre, ses produits, à la portée du riche, ne l'étaient pas à celle du pauvre ; nous n'agiterons pas non plus la grande question des machines et des salaires, questions tant controversées de nos jours et fécondes en collisions sanglantes ; nous aurons dans la suite assez d'occasions d'étudier le rôle qu'elle a joué dans les destinées humanitaires, et nous avons hâte de passer à l'industrie commerciale qui rembourse les avances des deux autres industries en procurant à la consommation les produits des manufactures qui leur ont donné une valeur supérieure à celles qu'ils avaient quand elles les reçurent de l'agriculture.

Quiconque désirerait se former une idée nette et précise des progrès du commerce, n'aurait qu'à reculer vers les Phéniciens : remontant des Phéniciens aux Grecs et aux Romains, et de ceux-ci parvenant, après la découverte de l'Amérique, aux Espagnols, aux Portugais, aux Hollandais, aux Anglais, aux Français jusqu'à l'époque contemporaine, il serait prodigieusement étonné de son mouvement ascendant et continu.

Le commerce est un des signes de la prospérité

publique : il accroît la population ; il donne de la chaleur et de la vie aux contrées même les plus arides et les plus étroites ; il met en contact les nations, décuple leurs consommations et leurs productions par le moyen des échanges, les civilise en opérant la diffusion des lumières, et leur procure des jouissances qui sans lui resteraient circonscrites dans une petite étendue. Sans pousser plus avant cette énumération, sans oser assigner un terme au malaise commercial actuel, nous demanderons la liberté illimitée du commerce : plus de prohibition, plus de taxes, plus de monopoles, plus de tarifs protecteurs, plus de barrières de province à province, de peuple à peuple ; et le commerce qui, malgré les entraves qui le compriment, a pris une extension si rapide, *s'éleverait* bientôt *à des phénomènes,* qui dépasseraient toutes les prévisions.

A l'occasion de ces matières, nous aurions à présenter une série de réflexions sur divers points qui s'y rapportent, tels que les voies de communication, la navigation, les monnaies, le crédit, les revenus, les impôts, etc., etc., etc., si elles ne devaient pas trouver leur place dans le cours de cet ouvrage ; en temps et lieu nous compléterons nos explications. Nous allons entreprendre un autre ordre d'idées, et ébaucher un sujet trop négligé par les historiens nos devanciers, qui ne paraissent pas seulement l'avoir aperçu, et que nous signalerons comme une des causes les plus actives des malheurs et de la dissolution des états : c'est l'amour de la patrie, quand il n'est pas subordonné à l'amour de l'humanité.

Nous n'avons pas à craindre qu'on se méprenne sur nos intentions; cependant, pour couper court aux interprétations de la malveillance, nous les formulerons de manière à rendre impossible la moindre équivoque.

La patrie, ce n'est pas uniquement la famille ou ce rayon circonscrit témoin de notre naissance et des premiers délassemens de notre jeunesse; ce n'est pas uniquement l'horreur de l'agression intérieure et extérieure : c'est l'attachement aux lois et aux institutions de notre pays, quand ces lois et ces institutions sont les corollaires de la liberté et de l'égalité. Chérissons la patrie; respectons la patrie; honneur à ceux qui eurent le bonheur de se dévouer pour elle ! Portons leurs noms au temple de mémoire ! mais ne confondons pas cette flamme céleste, pure émanation de la divinité, qui nous embrase des feux d'un saint devoir, avec ce sentiment d'individualité, expression hideuse de la jalousie et de la vengeance, qui porte à opprimer tout ce qui n'est pas elle, à refuser des secours à tout ce qui lui est étranger.

Qui dit amour de la patrie, dans son acception aveugle et bornée, suppose isolement ; qui dit isolement, suppose exclusion ; qui dit exclusion, suppose guerre et guerre à mort ; qui dit guerre, suppose désastres ; suivons-les dans l'histoire ces effets désastreux :

Les Grecs repoussent tous les peuples voisins, et ils sont asservis par les Macédoniens qu'ils ont tant méprisés.

Les Romains de la République et de l'Empire, par leurs violences, leurs déprédations, leur morgue insultante, se rendent odieux aux autres nations qu'ils traitent de barbares, et leur puissance est ruinée par ces mêmes barbares.

Plus récemment, l'Angleterre courbe sous un joug de fer ses colonies américaines ; celles-ci s'insurgent et se rendent indépendantes de la métropole.

Un grand peuple, fatigué de l'oppression dans laquelle il gémissait *depuis des siècles*, veut reconquérir ses imprescriptibles droits, l'Angleterre s'y oppose ; la France se lève indignée, et les Anglais sont refoulés dans leur île.

L'ambition de Bonaparte remplit l'Europe de dévastation et de carnage pour lui imposer une injuste domination, et l'Europe, s'armant contre la France, se précipite sur elle au nom de la liberté, et la

France est vaincue, et la France est condamnée à subir les humiliations d'une occupation étrangère.

Une politique infernale s'est de tout temps appliquée à entretenir les rivalités nationales, afin d'individualiser les peuples, et de les empêcher de se concerter et de se secourir pour renverser la tyrannie et conquérir la liberté.

Concluons donc qu'il est de l'intérêt des peuples, aussi bien que de leur devoir, d'adopter les réglemens de la justice et de la bienfaisance, c'est-à-dire de la fraternité universelle : or, la fraternité consiste à placer l'individu après la famille, la famille après la patrie, la patrie après l'humanité.

L'objet sans contredit le plus important, celui auquel nous consacrerons une attention soutenue et des développemens étendus, sera le chapitre des révolutions, ces épouvantables catastrophes, expression terrible, mais réelle, des besoins de l'époque qui les voit éclore. De même que l'électricité purifie l'atmosphère, de même les révolutions réparent, consolent, fécondent. Si elles se préparent de longue main, et l'histoire atteste combien le travail est lent et pénible, il est sûr qu'elles éclatent à la fin, et malheur en cet instant aux aristocrates et aux tyrans ! Malheur à ceux qui s'opposent aux progrès accomplis ! Malheur à ceux auxquels des souvenirs

d'oppression et de persécution servent d'escorte!...
Pourquoi tant les craindre ces explosions salutaires?
Pourquoi calculer avec une précision mathématique
les maux qu'elles occasionnent, si la somme du bien
dépasse celle du mal, si la perfectibilité sociale en
est la conséquence immédiate et nécessaire? La
preuve nous en sera surabondamment fournie par
l'exposition de ces sanglantes convulsions que nous
présenterons dans tout leur jour à mesure qu'elles
s'offriront à nos yeux.

La plupart des historiens, affichant une impartialité qu'ils n'ont pas, ont un grand soin d'avertir
qu'ils n'appartiennent à aucun parti, et ne s'en
attellent pas moins au char de la faveur et de la
richesse : hommes nouveaux, à convictions pures et
brûlantes, nous rougirions d'imiter leur exemple et
de déguiser nos opinions, et c'est pour cela que,
refusant d'encenser le veau d'or, nous nous proclamons à haute et intelligible voix du parti du peuple;
c'est pour cela que l'histoire, à notre avis, doit
s'occuper un peu moins des gouvernans et un peu
plus des gouvernés; c'est pour cela qu'elle doit parler du peuple au peuple. Arborant la sainte ori-
flamme du progrès, sur laquelle nous inscrivons en
gros caractères ce mot : *Egalité*, nous professerons
les principes de la liberté la plus large, tout en la

subordonnant aux intérêts et aux droits de tous, à l'amour de l'humanité. Qu'on ne croie pas que c'est à la légère que nous avons endossé notre armure : avant d'entrer dans la carrière, nous avons attentivement examiné de quel côté se trouvait le juste ou l'injuste, le vrai ou le faux, le bien ou le mal ; et quand, mus par une volonté ferme et opiniâtre, nous avons consulté les annales des nations ; quand, déchirant le bandeau d'une éducation routinière, nous avons promené autour de nous des regards désabusés, nous avons reconnu que le genre humain était et avait été perpétuellement la proie d'une poignée d'ambitieux fourbes et inhumains ; qu'ainsi, il était temps de fermer le temple de Janus en faisant cesser l'état d'exploitation qui divise la société en deux camps essentiellement ennemis, en remplaçant cet état par une organisation fraternelle reposant non plus sur l'égoïsme, mais sur le dévouement ; non plus sur l'oisiveté, mais sur le travail ; non plus sur la corruption, mais sur la vertu ; non plus sur la méfiance, mais sur la sympathie ; alors nous nous sommes rangés du parti des faibles, et, transportés par le zèle de notre apostolat, nous nous sommes écriés : *Nous sommes du peuple, et nous écrirons pour le peuple !*

PREMIERE PARTIE.

HISTOIRE ANCIENNE.

AVANT-PROPOS.

Nous commençons par ces peuples de l'antiquité chez lesquels nous reconnaîtrons (ainsi que nous croyons l'avoir dit dans notre exposition historique) une tendance progressive qui ne s'est pas ralentie un instant, tendance qui n'a pas même cessé quand elle a semblé rétrograder, puisqu'ils ont été anéantis pour n'avoir pas voulu ou su obéir à ses lois. Le merveilleux qui enveloppe leur histoire ne nous empêchera pas de les juger et de les apprécier selon les règles de la raison et de l'équité. Ne perdant jamais de vue que c'est au peuple que nous nous adressons, et que notre cadre nous permet à peine une esquisse quand il faudrait un tableau, nous n'entrerons pas dans des détails d'autant plus fastidieux qu'ils ne seraient pas à la portée ou à la convenance de la masse de nos lecteurs, et nous ne ferons mention que des faits d'un intérêt majeur.

Cette première partie servira, si l'on peut s'exprimer ainsi, d'introduction à la seconde partie qui aura trait à l'histoire moyenne et moderne, sur lesquelles nous nous réservons de nous étendre un peu plus au long; et ici nous ferons observer à ceux qui ne nous trouveront pas à la hauteur de notre tâche que nous ne nous sommes pas dissimulé notre insuffisance, et que si nous sommes sortis de notre obscurité, il nous a fallu un motif plus que puissant: l'instruction du prolétaire. Nous l'avons proclamé ailleurs, et nous le proclamons encore : s'il ne dépend pas de nous d'être éloquens et de nous élever à la hauteur des conceptions du génie, il nous sera peut-être donné d'être clairs dans l'exposition de nos principes, et de ne pas trop nous éloigner, dans la discussion des événemens, de la vraisemblance et de la vérité ; nous avons cru devoir consigner à notre début cette observation, afin de n'être pas obligés d'y revenir par la suite.

Serait-il vrai, comme on l'a supposé, que les masses restent impassibles à la lecture des destinées humanitaires, et accueillent avec indifférence des idées émises dans un but de progrès et de moralisation ? Serait-il vrai que cet engourdissement qui semble s'être emparé des esprits ne recouvre point de méditations fortes et brûlantes, et serait, au contraire, un indice assuré d'une abnégation stupide et d'un égoïsme ridicule qui auraient tari dans les cœurs la source des sentimens généreux, et en auraient chassé jusqu'à l'espérance d'un remède efficace, cette espérance, la dernière chose qui abandonne dans le malheur? L'expérience va être tentée; c'est en elle que nous plaçons pleine et entière confiance.

Si l'on se tait, n'est-ce pas plutôt que l'on médite? Et cette résignation, qu'on prend pour de l'apathie, n'est-elle pas plutôt l'effet d'une conviction indomptable que d'une inanition inconséquente?

Pourquoi nous étonner de ces sinistres prédictions? N'est-il pas des hommes toujours prêts à décourager les plus énergiques et les plus vertueux par la perspective prochaine d'un avenir de larmes et de misères, toujours prêts à les rebuter par une critique sans raisons plausibles? Devins insensés, montrez-nous une époque où la terre se soit engloutie dans le chaos pour ne plus en sortir? Montrez-nous une crise, quelque fatales conséquences qu'il en ait résulté, dont les résultats n'aient pas profité à l'humanité?.... A moins que vous ne fermiez les yeux à la lumière, vous serez amenés à convenir qu'il est un terme au mal; et que si quelquefois la société paraît à la veille de se dissoudre écrasée sous le poids des iniquités les plus révoltantes, c'est qu'elle va se régénérer ; c'est que, de même que le phénix de la fable, qui, dans sa vieillesse, s'endormait au milieu des flammes du bûcher, puis renaissait de ses cendres, de même l'arbre social, quoique coupé jusqu'à sa racine, peut pousser encore des jets longs et vigoureux sous l'ombrage desquels viennent fleurir et se reposer d'innombrables générations.

Eh! le monde a-t-il péri quand le colosse romain s'écroulait avec fracas sous les coups des Barbares? A-t-il péri quand Luther et Calvin, opposant aux prétentions désolantes du clergé catholique le frein de la raison qui recherche, examine et résout, écrasaient sous une dialectique sévère et pressante des dogmes démoralisateurs ; quand, s'érigeant en prophètes consolateurs, ils allaient réveiller dans les esprits les souvenirs de l'antique égalité ; quand, démolisseurs intelligens des préjugés établis, ils contribuaient efficacement à la destruction d'une société purement militaire en dégoûtant du régime du sabre et en poussant les sociétés vers une organisation civile et industrielle ? A-t-il péri quand, hier encore, la révolution française, par l'entremise de ses missionnaires républicains, dont la parole foudroyante retentissait d'un bout de l'Europe à l'autre, ébranlait toutes les vieilles croyances ;

quand, par l'auxiliaire de ses canons sur les boulets desquels étaient inscrites des maximes de liberté et d'égalité, elle ouvrait de larges sillons dans les rangs des satellites de la tyrannie; quand, sapant avec fracas toutes les institutions surannées, elle transmettait ses théories égalitaires aux peuples qui, secouant le joug d'une longue oppression, avaient soif d'innovations rigides et salutaires?

Qui sait si parmi ceux qui nous liront avec l'attention profonde et soutenue que commande la gravité de la matière; qui sait même si, parmi ces artisans, ces laboureurs, ces prolétaires, dont le repos sera consacré à méditer sur nos veilles, il ne se trouvera pas une organisation à part, une tête pensante qui, se sentant tout-à-coup inspirée par ce je ne sais quoi qu'on ne peut définir et qui transporte l'imagination au-delà de sa sphère, sera étonnée de rencontrer en soi des pensées lumineuses et d'avenir, de ces pensées fécondes qui abrègent en un instant le travail de vingt siècles, et décèlent une de ces intelligences précoces et sublimes, météores brillans et extraordinaires dont il n'est donné que de voir de loin en loin l'apparition! S'il en était ainsi, si nous parvenions à conduire sur la scène une de ces capacités, une seule qui s'ignorant elle-même, n'attendît qu'une occasion pour se produire; qui, semblable à Achille, électrisé à la vue des armes fatales qu'Ulysse fait briller à ses yeux, se sentît une vocation soudaine et décidée pour une carrière de gloire et de péril par la lecture d'un livre que le hasard aurait fait tomber sous sa main !... Oh! alors nous nous glorifierions de l'avoir conduite à se révéler, et nous croirions avoir bien mérité de nos concitoyens. On taxera peut-être ce que nous venons d'émettre de présomption déplacée..... Ignore-t-on que de bons peintres se sont formés en copiant de mauvais tableaux ; que de grands écrivains se sont élancés à la lecture d'ouvrages médiocres ; que d'excellens capitaines le sont devenus à l'école de généraux sans mérite ; et qu'il a suffi à ceux-là d'entrevoir un coin de la vérité pour la saisir tout entière et l'utiliser au profit de la science et de l'humanité ?

Remplirions-nous l'intégralité de nos devoirs en nous bornant à explorer les sources d'où sortent les nations modernes sans rechercher les causes qui ont amené la disparition de dessus la surface du globe, de quelques unes de celles qui les ont précédées et qui tinrent aussi fixées dans elles les destinées de l'humanité ? Du moment que nous avons constaté que le progrès est un enchaînement rapide et successif, ne devient-il pas indispensable de remonter aux premiers siècles des sociétés pour bien se pénétrer de la nature et de la marche de progrès dont l'accomplissement, suivant nous, n'a eu lieu qu'en vertu de cette loi invariable et constante d'un mouvement qui peut bien se ralentir quelquefois, mais s'arrêter complètement, jamais?

N'anticipons point, du reste, sur les événemens, et procédons méthodiquement en ébauchant à grands traits l'histoire ancienne, dont nous nous montrerons jaloux de débrouiller l'obscurité, sans avoir pourtant la prétention d'y parvenir totalement en l'absence de documens plus étendus ; certes, elle vaut la peine d'être étudiée. Sans compter les Mèdes, les Perses, les Égyptiens, etc., etc., n'avons-nous rien à apprendre des anciens Grecs et des anciens Romains? Les combats des Thermopyles et de Marathon, les guerres puniques, les guerres civiles de Marius et de Scylla, de César et de Pompée, d'Octave et d'Antoine, les projets rénovateurs de Catilina, ne méritent-ils pas de fixer les regards du philosophe et du publiciste éclairés ?

Des siècles ont passé sur les cendres de Socrate et de Platon, sur les tombes de Brutus et de Caton, sur les débris des temples de Memphis et sur les restes de la Thèbes aux cent portes, et ces particularités sont encore pour nous palpitantes de gloire et d'immortalité, et nous connaissons mieux les hommes et les peuples qui végètent maintenant sur ces contrées poétiques dont ils ignorent quelles furent et quelles pourront être encore les hautes destinées, tant les souvenirs historiques exercent de l'empire sur les esprits civilisés ! Appuyés, en quelque sorte, à ces vieilles colonnes qui, encore debout au milieu des décombres des cités détruites, semblent protester contre la dévastation et la rouille du temps, nous allons élever d'abord une voix libre et fière en remémoration des empires qui ne sont plus ; nous allons parler un langage franc et austère ; nous allons nous essayer sur un fond riche en événemens desquels nous espérons tirer des réflexions abondantes et instructives.

HISTOIRE

DEPUIS LE 50ᵐᵉ SIÈCLE AVANT JÉSUS-CHRIST,

JUSQU'A LA DESTRUCTION DE L'EMPIRE ROMAIN D'OCCIDENT (476 ans après la naissance de J.-C.).

Le monde a-t-il toujours existé ? Notre globe présentait-il à son principe l'aspect qu'il offre aujourd'hui ? Comment et depuis quand a-t-il été formé ? La race humaine doit-elle sa naissance au hasard ou à l'inspiration sublime d'une intelligence surnaturelle ? Combien a-t-il fallu de temps aux hommes pour se créer un langage et pour se réunir en société ? Quelles furent les premières races, les premières terres habitées, les premières nations civilisées, les premières religions, les premières lois, les premiers gouvernemens ? Telles sont les questions que l'on s'adresse tous les jours et auxquelles l'histoire est loin de donner une solution satisfaisante. Si l'on connaît l'établissement des dernières sociétés, il n'en est pas de même sur le compte des premières : aussi un libre et vaste champ est-il ouvert aux conjectures. On sent qu'une pareille excursion nous lancerait en dehors de notre plan, dont les limites restreintes nous forcent à négliger bien des discussions. Manquant de détails positifs, notre tâche se bornera à explorer les traditions les plus rationnelles, à constater les points les moins contestables; et quand nous serons dénués de preuves authentiques, nous nous permettrons de peser les probabilités et de les passer au creuset d'une saine et froide critique.

On s'est beaucoup occupé, dans ces derniers temps, de savoir s'il y a eu un déluge et si ce déluge a été universel : le premier point ne saurait être révoqué en doute ; sans oser nous prononcer d'une manière absolue et tranchante sur le second, laissant à de plus experts que nous le soin d'examiner si le monde a été submergé en totalité ou en partie dans le même moment, nous pensons, nous, qu'après avoir été habité, il a été plusieurs fois et à certains intervalles le domaine des eaux, et que le globe actuel est le dernier qui soit sorti du sein de ces déplorables catastrophes. Comment expliquer autrement pourquoi la terre est alternativement composée d'une couche de coquilles et de poissons pétrifiés placés entre deux couches d'ossemens de quadrupèdes? Les débris des végétaux, les coquillages, les ossemens pétrifiés qui se trouvent dans les charbons, dans la craie, dans l'argile, etc., semblent nous indiquer « que plusieurs créations
» d'êtres inanimés et animés ont été détruites suc-
» cessivement........ Cuvier nous apprend (voyez
» Laponneraye, *Dictionnaire historique*. Introduc-
» tion) que le noyau primitif de la terre, composé
» de granit, est recouvert d'une série de couches
» dont chacune correspond à une des révolutions ter-
» restres, et qui sont formées de débris appartenant
» au règne végétal et au règne animal. Il est à

» remarquer que les couches les plus voisines du
» noyau primitif ne se composent uniquement que
» de coquillages, de mousses et de fougères, et qu'à
» mesure qu'elles se rapprochent de la surface de la
» terre, c'est-à-dire qu'elles datent d'une époque
» moins reculée, elles offrent des créations plus
» développées, telles que des débris de plantes et
» d'arbres. Enfin, les couches les plus récentes
» nous présentent d'abord la transition du règne
» végétal au règne animal, des animaux-plantes, et
» des plantes-animales ; ensuite elles nous offrent
» des débris de poissons, de mollusques et de qua-
» drupèdes dont la taille gigantesque est hors de
» proportion avec celle des races vivantes et dont
» les types n'existent plus : tels sont le mammouth,
» le mastodonte, le mégathérium, etc. On trouve,
» dans les mêmes couches, des ossemens d'éléphant,
» de rhinocéros, d'hippopotame, de cheval, mais
» qui diffèrent par la forme de ce que ces quadru-
» pèdes sont aujourd'hui. »

Le monde existe : le genre humain le peuple ; mais de quelle manière l'homme a-t-il été engendré dans ce commencement ? Nous ne le savons pas. Cette multitude, dont le nombre peut à peine se calculer, et qui, de nos jours, tourbillonne et s'agite en tant de régions diverses pour arriver au bien-être physique et à la perfection morale, ces deux causes incessantes et perpétuelles de toutes les révolutions passées et présentes, est-elle le produit d'un seul homme et d'une seule femme, ou bien de plusieurs couples enfantés simultanément dans des contrées différentes ? Nous l'ignorons encore, et nous n'avons pas la prétention de le résoudre; nous constaterons seulement un fait : quand nous comparons attentivement entr'eux chacun des peuples qui nous sont connus par les ressemblances et les dissemblances de ses conformations physiques, nous sommes portés à reconnaître trois races distinctes et primordiales d'où toutes les autres races particulières dérivent : la race caucasienne, la race mongole et la race éthiopienne. La race caucasienne est caractérisée par la blancheur de la peau, la figure ovale, les cheveux longs et lisses; la race mongole a pour signes caractéristiques la tête quadrangulaire, les cheveux raides, la face large, les joues saillantes et le teint jaune; la race éthiopienne se distingue des deux autres par la peau noire ou jaune foncé, le nez gros et épaté, le front convexe, les cheveux ras et crépus, les lèvres gonflées. La première occupe aujourd'hui l'Europe, l'Asie occidentale, l'Afrique septentrionale et une grande partie de l'Amérique; la seconde, l'Asie orientale et l'Océanie; la troisième, la majeure partie de l'Afrique.

Connaît-on du moins positivement le siége primitif de l'humanité? Nullement. Il faut donc encore raisonner par hypothèse; et la supposition la plus rationnelle est celle qui présume que les montagnes du Caucase, entre la mer noire et la mer caspienne, les monts Himmaleh au Thibet, et les monts de la Lune dans l'intérieur de l'Afrique, les plus élevés du globe, et par suite le plus tôt débarrassés du séjour des eaux, durent être les premiers lieux habités par les hommes, qui de là se répandirent dans les terrains moins escarpés et plus fertiles. Sans oser pourtant l'affirmer, on est amené à croire que, ne consultant que l'appétit et l'instinct grossier qui les poussaient à leur insu dans la voie du perfectionnement, ils furent alors carnivores et ichtyophages. Bientôt leur nombre s'accrut; et s'apercevant que la chair des animaux allait leur manquer, ils songèrent à perpétuer et à conserver leurs espèces : ainsi s'établit la vie nomade ou de pasteurs; enfin, le hasard leur découvrit, un jour, que les fruits de la terre se reproduisaient, et ils devinrent agriculteurs : c'est à cette époque seulement qu'ils firent des progrès réels dans les arts et dans la vie civile. Or, si l'on en juge par les difficultés qu'ils éprouvèrent infailliblement, ignorans et neufs comme ils devaient l'être, dépourvus des procédés les plus usuels, obligés de lutter contre l'intempérie des saisons, la faim, les bêtes féroces, et pour ainsi dire contre tout ce qui les entourait, leurs progrès furent infiniment lents; et l'on ne saurait trop admirer le génie inventif de l'homme, quand on songe d'où l'esprit humain est parti, et l'espace immense qu'il a parcouru pour arriver au point où il est parvenu aujourd'hui. Pour éclairer sa marche, dans ces âges reculés, que nous reste-t-il? Rien; à moins qu'on ne veuille appeler quelque chose ces traditions informes et absurdes, produites plutôt par l'imagination délirante de poètes sans bonne foi, que par l'intelligence éclairée d'écrivains consciencieux.

Certes, ce serait une histoire curieuse et instructive en même temps que celle qui chercherait à éclairer cette enfance du monde. A quiconque nierait la loi du progrès on opposerait la tribu succédant à la famille, la peuplade à la tribu, la nation à la peuplade. Que d'efforts n'a-t-il pas fallu aux hommes avant de réussir à franchir les précipices, à traverser les fleuves, à adoucir les plantes et les fruits, à apprivoiser certains animaux, à se procurer des vêtemens propres à les garantir de la rigueur des climats, à forger pour leur défense des armes dont ils abusèrent depuis contre l'espèce humaine elle-même; et quand ils ont plié les métaux et toute la nature à leur usage, quand l'invention des arts leur a procuré les jouissances et les commodités de la vie, quand, par suite, la population a augmenté outre mesure, pense-t-on que le progrès s'arrête là? Nullement. Les forêts sont abattues, les terres incultes sont défrichées, et à leur place naissent les prairies verdoyantes, les riches vergers, les abondantes moissons ; les huttes ou les cabanes étroites et malsaines sont remplacées par des maisons spacieuses et aérées; bientôt des hameaux sont bâtis, puis des villages, puis des villes ; les hommes se réunissent, et par cette agglomération, les langues s'épurent, deviennent uniformes, et la société civile prend naissance. Sous ce point de vue, il serait facile de saisir de quelle manière les lois s'établirent, les mœurs se polirent, les empires se formèrent. Mais notre cadre a des bornes qu'il ne nous est pas permis de dépasser, et comme une pareille digression ne serait pas peut-être du goût de nos lecteurs, nous allons esquisser rapidement l'histoire mythologique, qui, elle aussi, n'est encore qu'un tissu de fables, et dont nous ne faisons mention que pour initier à l'origine des empires qui ont exercé le plus d'influence sur les destinées de l'humanité.

On ne saurait douter que l'Inde n'ait été le berceau de la civilisation. La plupart des nations y ont puisé leurs principales notions dans les sciences, dans les arts et dans les matières religieuses. Il est probable que les Indiens sont issus d'un mélange de la race caucasienne et de la race mongole. Ce pays, situé dans l'Asie, entre le Gange, l'Indus, les montagnes du Thibet et la mer des Indes, a été, depuis Sémiramis, à laquelle il résista, asservi par tous ceux qui ont essayé d'en faire la conquête. Nous ne rapporterons de son histoire que ce qui se rattachera à celle des autres peuples, parce qu'elle est d'une monotonie affligeante, en ce qu'elle offre un tableau suivi d'un abrutissement complet qui n'est jamais interrompu par quelque action d'éclat ; car là on ne peut pas dire que le réveil de l'esclave soit l'effroi du tyran : hélas ! il y dort constamment d'un sommeil léthargique, et l'homme semble avoir abdiqué la dignité de son être dans cette magnifique contrée déshéritée de la salutaire et bénigne influence de véritables institutions démocratiques. Qu'un tel exemple ne soit pas perdu pour nous ; qu'il nous serve à chérir de plus en plus la liberté et l'égalité, et à nous attacher au culte de l'humanité. Oui, si nous sommes ses fervens disciples, nous verserons des larmes amères sur le sort de tant de générations condamnées perpétuellement à naître, vivre et mourir pour obéir stupidement aux caprices de quelques despotes, et pour être remplacées par d'autres générations aussi lâches et aussi serviles que celles qui les ont précédées.

Nous n'engagerons pas actuellement une controverse oiseuse pour établir quel est l'empire le plus ancien du monde : à quoi bon ces discussions savantes dans le but de prouver *l'antériorité* des Chinois et des Chaldéens sur les Egyptiens? Nous jugeons plus opportun d'exposer ici la méthode que nous suivrons dans le cours de cet ouvrage; quelques mots suffiront pour en donner le fil : nous grouperons dans l'histoire universelle les trois peuples les plus célèbres de l'antiquité et quelques époques remarquables. Partant de cette base, nous commencerons par les Egyptiens, pour arriver de ceux-ci aux Grecs, et des Grecs aux Romains, jusqu'à la chute de leur empire en Occident; ensuite nous résumerons tout ce qui se rattache au moyen âge et aux temps plus modernes, aux 16me, 17me et 18me siècles, jusqu'à la révolution française, dont nous essaierons de tracer le tableau d'une main ferme et vigoureuse (1); elle a droit à une scrupuleuse attention cette période éclatante qui n'a pas réparé toutes les injustices, mais qui en a adouci plusieurs, qui a jonché le sol de beaucoup d'institutions surannées, qui les a ébranlées toutes, et qui a ouvert une immense carrière à l'intelligence humaine; à cette lecture, nous croirons assister à la fête de l'Être suprême; nous croirons, comme nos pères, contempler, dans un ravissement extatique, la statue de la liberté avec

---

(1) Voir la note de la page 6.

ses attributs, le bonnet phrygien sur la tête, la pique d'une main et le niveau de l'autre ; évoquant de glorieux souvenirs, nous nous représenterons en idée la vue majestueuse de la déesse apportant, dans les cérémonies révolutionnaires, un baume consolateur dans le cœur des masses, et terrifiant les aristocraties pétrifiées à son aspect.

Que les Égyptiens aient été le premier peuple civilisé, ou qu'ils aient hérité, comme nous sommes disposés à le penser, des progrès des Indous, des Chinois et des Chaldéens, toujours est-il qu'ils auront profité des découvertes à eux transmises, qu'ils les auront perfectionnées, et qu'ils auront inventé à leur tour.

Ce qui ressort de plus clair du merveilleux qui entoure le principe de leur histoire, ce qui a été raconté par des prêtres intéressés peut-être à déguiser la vérité qu'ils connaissaient eux-mêmes imparfaitement, n'est pas de nature à diriger nos premiers pas. Les signes hiéroglyphiques, expliqués de tant de manières dffiérentes, ouvrent encore un vaste champ aux conjectures. Dans cette obscurité, nous appuyant sur sa situation géographique et sur la hardiesse de ses monumens, nous nous rangerons à l'avis de ceux qui supposent que l'Egypte a été un des pays le plus anciennement peuplés et cultivés, un des plus anciennement astreints au joug d'un lien politique.

L'Egypte est une portion de l'Afrique resserrée entre deux chaînes de montagnes et le Nil, qui forme une plaine de cinquante lieues de largeur dans sa plus grande étendue, et de deux cents lieues de longueur. Les limites de cette vallée sont, à l'Orient, la mer Rouge et l'isthme de Suez; au midi, l'Ethiopie; à l'occident, la Lybie; au nord, la mer Méditerranée.

On ne connaît pas au juste la population de l'Egypte; mais si l'on peut ajouter foi aux assertions d'Hérodote, ce royaume devait être très peuplé : on y comptait vingt mille villes habitées. Les ruines de plusieurs d'entr'elles attestent encore, par leur magnificence, la richesse de cet état. La nation qui habitait alors l'Egypte, a complètement disparu, et l'on ne retrouve dans les Coptes, qui maintenant en ont la possession, aucune ressemblance avec les traits des premières tribus qui, selon M. Champollion jeune, s'établirent dans la vallée du Nil, entre la cataracte de Syène et la mer. Ces tribus vinrent de l'Abyssinie ou du Sennaar, et appartenaient à une race tout-à-fait semblable à celle des Kennous ou Barabas, habitans actuels de la Nubie.

L'ancienne Egypte était divisée en trois parties : la Thébaïde au midi, l'Heptamone au milieu, la Basse-Egypte ou Delta au nord.

Ménès est le premier roi d'Égypte duquel il soit possible de parler avec certitude. Il fonda le temple de Memphis, dessécha la partie basse de l'Egypte, inondée par les eaux du Nil, établit le culte des dieux, et régla les cérémonies des sacrifices (25me siècle environ avant J.-C.). La fameuse Thèbes fut fondée par Busiris, assez longtemps après lui.

Mœris, qui creusa, dit-on, le fameux lac connu à présent sous le nom de Birkat-el-Kéroum, régnait sur Thèbes dans la Haute-Egypte (21e siècle avant J.-C.).

Une horde nomade, venue de l'Orient et conduite par des chefs nommés hycsos ou pasteurs, s'était emparée de la Haute-Égypte, où elle se maintenait depuis deux ou trois siècles; elle en fut définitivement chassée par Toutmosis, roi de Thèbes (dans le 21me siècle avant J.-C.). Cette expulsion eut pour conséquence la réunion des divers états en une seule monarchie. De tout temps les peuples ont gravité vers l'unité! Les arts en profitèrent, et Thèbes vit les victoires de Toutmosis représentées sur un de ses temples les plus vastes.

Environ cinquante ans après, sous un des Pharaons, de Tanis, duquel il était devenu ministre par suite de circonstances qui sont assez connues pour que nous nous abstenions de les raconter, Joseph, fils de Jacob, petit-fils d'Isaac et arrière-petit-fils d'Abraham, attira en Egypte son père et ses frères, qui vinrent s'y fixer dans la terre de Gessen. Joseph et ses frères sont la souche de la nation hébraïque.

Une chose à remarquer, c'est que l'administration de Joseph eut une haute influence sur la constitution politique de l'état, qui, de théocratique et militaire qu'elle était, devint, après sa mort, purement théocratique. Joseph, par sa prévoyance, avait sauvé ce pays de la famine qui désola la terre sept années entières, en ramassant à l'avance, dans des greniers publics, une prodigieuse quantité de blé, fruit de plusieurs années d'abondance. Ce blé, acheté à vil prix, fut revendu très cher; à la fin, les Egyptiens, n'ayant plus d'argent, se virent obligés de donner en paiement une grande partie de leurs troupeaux et de leurs terres, qui fut annexée au domaine de la couronne. Les prêtres, partout habiles à s'exempter des charges publiques, furent seuls exceptés de cette mesure, ils profitèrent de cette exemption pour se rendre infiniment puissans, pour dominer les rois eux-mêmes, sur lesquels ils exercèrent depuis une autorité absolue.

Le vingtième siècle avant J.-C. fut témoin de l'agrandissement de Ninive par Ninus, qui soumit les Arméniens, les Mèdes et les peuples de l'Asie supérieure jusqu'à Bactres. Fondant ensemble les Babyloniens et les Chaldéens, il constitua le royaume d'Assyrie, ainsi nommé à cause d'Assur, un de ses premiers rois. Bélus, père de Ninus, qu'on croit être le même que ce Nembrod de l'Ecriture sainte qu'elle désigne comme le premier conquérant et le fondateur de Babylone, avait jeté les fondemens de ce puissant empire qui s'étendait sur presque toute l'Asie, sur une partie de l'Afrique et sur la partie de l'Europe la plus voisine du Pont-Euxin. Nembrod était un fameux chasseur ; cet exercice l'ayant rendu guerrier intrépide et influent sur les Chusites, ses compatriotes, il s'était emparé avec leurs secours de la terre de Sennaar.

Sémiramis, épouse de Ninus, et qui lui succéda, contribua beaucoup au perfectionnement des arts. Elle construisit de grandes routes, perça des montagnes, combla des vallées, embellit des villes et surtout Babylone, si célèbre autrefois par ses jardins suspendus, classés parmi les sept merveilles du monde. Vingt-un millions d'hommes furent employés à ces magnifiques ouvrages par la grandeur desquels elle cherchait à couvrir *la bassesse de sa naissance*. Puérilité de femme!.... Quoi! ne naît-on pas tous égaux, et n'est-on pas toujours assez noble quand on est vertueux et que l'on contribue au bonheur de l'humanité?

De ce siècle date la première colonie qui fut fondée dans la Grèce. L'égyptien ou le phénicien Jnachus vient s'établir, avec quelques-uns de ses compatriotes, dans le pays appelé depuis Argolide. C'est par les Jnachides, ses fils ou petits-fils, que sont posées les premières pierres de Phoronique, plus connue sous le nom d'Argos qu'elle prend plus tard, de Corinthe, de Sparte, de Mycènes, de Lycosure et de plusieurs autres villes qui devinrent ensuite les capitales de différens états. A Lycosure, Lycaon, fils de Pélasgus, institue l'affreux sacrifice de victimes humaines immolées en l'honneur de Jupiter : fatal et impie aveuglement d'un monstre qui s'imaginait probablement que la divinité devait être très flattée de cet exécrable encens! On doit attribuer à ce motif la fable qui le fait métamorphoser en loup.

Vers l'an 1914 avant J.-C., régnait dans la Grèce Saturne, dont la fable a fait un dieu, parce qu'il apporta la civilisation chez les Pélasges ou les premiers Grecs. Détrôné par son fils Jupiter, il vint s'établir au *Latium*, dans l'Italie, qui fut appelée dans la suite tout entière Saturnie. Cette époque est connue sous le nom d'âge d'or, en reconnaissance de la sagesse de son administration paternelle comparée à la tyrannie des monarques qui vinrent après lui.

Signalons deux découvertes importantes : celle de la bière, attribuée aux Egyptiens, et celle des caractères d'écriture, attribuée aux Sidoniens.

Dans le 19ᵐᵉ siècle avant J. C., les sciences et les arts étaient déjà cultivés avec succès par les Chaldéens, les Sidoniens et les Egyptiens, qui avaient fait alors des progrès notables en philosophie, en astronomie, en navigation, etc.; c'est chez les Egyptiens surtout que les Grecs et les Hébreux puisèrent leurs premières connaissances et les principaux dogmes de leur religion. En effet, cela se concevra facilement : les Hébreux restèrent longtemps en Egypte; les anciens Pélasges ou premiers Grecs, qui vivaient nomades dans les forêts, se nourrissant de la pêche et de fruits sauvages qu'ils disputaient aux animaux, furent civilisés par diverses colonies de Phéniciens et d'Egyptiens qui abordèrent alors de différens côtés dans la Grèce. Ces colonies, attirées par la beauté du climat, s'attachèrent à gagner, par leur douceur, la confiance des Pélasges, auxquels elles communiquèrent les arts et les sciences qu'elles avaient cultivés dans leur patrie; et dans quelques années de résidence, étrangers et habitans ne formèrent qu'une seule et même nation, la nation grecque, qui fut ainsi définitivement constituée. Bientôt plusieurs villes furent édifiées, plusieurs royaumes virent le jour, entr'autres le royaume de Sycione, auquel on assigne Egyalée pour roi, et qu'on suppose avoir été le premier fondé.

Le siècle suivant (le 18ᵉ avant J.-C.) fut marqué par une inondation prodigieuse à laquelle on donna le nom de déluge d'Ogygès, parce que les états de ce prince, roi de l'Attique et de la Béotie, furent submergés. Malgré ces vicissitudes, l'esprit humain ne ralentit pas sa marche : Épiméthée invente l'art de faire des vases de terre; Hespérus invente les règles du jardinage.

Nous touchons à une époque remarquable, au règne de Sésostris, roi d'Égypte, appelé aussi Séthos et Rhamsès-le-Grand (environ l'an 1645 avant J.-C.). Sésostris fut instruit à l'école de l'adversité par son père Aménophis. Celui-ci ayant relégué dans les carrières de la rive orientale du Nil, tous les lépreux et tous les hommes *souillés* de l'Égypte (1), commit l'imprudence d'assigner pour retraite, à ces bannis, la ville d'Avaris. Ils ne tardèrent pas à s'y rendre formidables sous le commandement d'un prêtre d'Héliopolis, nommé Osarsiphe; et ayant fait une alliance avec les fils des pasteurs, ou hycsos, qui leur amenèrent un secours de deux cent mille guerriers, ils effrayèrent à tel point Aménophis, qu'il abandonna à ses ennemis une partie de son empire, et se retira en Éthiopie, avec son fils Sésostris, âgé de cinq ans, son armée et un grand nombre d'Égyptiens. Malgré ses revers, Aménophis ne perdit pas courage; et après treize années d'exil et de combats, il récupéra son royaume en vengeant la honte de ses précédentes défaites dans le sang de ses ennemis, dont il fit un horrible carnage, et dont les débris, repoussés dans les déserts de l'isthme de Suez, s'estimèrent heureux de conserver une vie échappée aux périls des batailles par une fuite précipitée.

---

(1) On appliquait vraisemblablement cette dernière qualification à ceux qui refusaient de plier le genou devant la tyrannie sacerdotale : la persécution contre les ames libres et généreuses n'est pas nouvelle !

Sésostris a été prôné jusqu'ici comme le modèle accompli de toutes les vertus. Il fit la conquête de l'Ethiopie et de toute l'Asie; les Indes, la Scythie, l'Arménie, la Cappadoce obéirent à sa puissance; il équipa une flotte nombreuse qui parcourut la Mer-Rouge et s'empara de toutes les côtes; il subjugua et dévasta le monde; il s'enrichit des dépouilles des peuples conquis; il éleva des obélisques; il fit construire de superbes monumens, de beaux canaux, au prix des fatigues et de la ruine de ses captifs; c'en était plus qu'il ne fallait pour appeler sur sa mémoire les adulations des écrivains de l'antiquité. Cependant, il est juste de le reconnaître, il protégea le commerce et l'agriculture; malgré lui, il fut un instrument de progrès en apportant chez les nations subjuguées les trésors de la civilisation égyptienne, en établissant l'unité de son royaume sur les règles d'une bonne division administrative, en envoyant dans la Colchide une colonie d'Egyptiens, qui dota cette partie de l'Asie mineure des mœurs de la mère-patrie. Sésostris ne devait pas être doué d'une grande force de caractère, puisque, devenu aveugle dans sa vieillesse, il trancha, par un suicide, le cours d'une existence fatale à tant de milliers d'existences; ainsi, *ce roi des rois, ce seigneur des seigneurs* (1), ce fameux conquérant, cet homme vain et superbe, qui ne rougissait pas de faire traîner son char par les rois et les princes des nations vaincues, qu'il forçait à lui rendre hommage, à lui payer tribut, n'eut pas assez de

---

(1) Expressions qu'il a fait graver sur une colonne.

force d'ame pour supporter une simple infirmité physique.

Sous les successeurs de Sésostris furent bâties ces hautes pyramides qui ont survécu aux ébranlemens des âges, et qui font encore aujourd'hui l'admiration du voyageur étonné de leur colossale majesté. On croit qu'elles étaient destinées autrefois à servir de sépulture à des rois jaloux de soustraire leur mémoire à l'oubli de la tombe. Vain et stérile espoir! Leurs noms ne sont pas parvenus à la postérité ; et si l'on peut ajouter foi à certains auteurs, les corps de la plupart d'entr'eux n'y furent pas même renfermés : on fut obligé de les inhumer ailleurs pour ne pas les exposer aux malédictions des peuples, dont les sueurs, les larmes, les sacrifices de toute espèce avaient cimenté, pendant des siècles, presque chaque pierre de ces monstrueux édifices. Leçon utile et consolante qu'il ne faut pas perdre de vue un seul instant, et qui sert à dédommager, en quelque sorte, l'opprimé des maux qu'il endure! Tôt ou tard l'opinion publique se prononce sur le compte du puissant : elle le flétrit s'il mérite d'être flétri, et ses jugemens sont sans appel, parce qu'ils sont équitables, parce que de tout temps la voix du peuple a été la voix de Dieu.

Pour l'intelligence de cette histoire, dont le but avoué est l'appréciation exacte de la route progressive parcourue par l'humanité pour arriver au point actuel, nous allons entrer dans quelques explications sur les lois, les coutumes, la religion, etc., des Egyptiens, à l'école desquels se formèrent les grands législateurs, poètes et philosophes de l'antiquité : les Moïse, les Solon, les Lycurgue, les Homère, les Pythagore, les Platon et beaucoup d'autres; mais ne pouvant pas tout dire, nous n'en extrairons que la substance, c'est-à-dire seulement ce qui nous paraîtra offrir de l'intérêt.

Le gouvernement égyptien était une monarchie limitée par des prêtres dépositaires des lois et des sciences, interprètes des dieux, surveillans et juges des monarques. A la fois juges, législateurs, médecins, ils dirigeaient tout : arts, sciences, industrie, justice, religion, organisation sociale et politique. Seuls ils avaient le droit de juger les morts, auxquels ils accordaient ou refusaient la sépulture, selon qu'ils s'étaient bien ou mal conduits pendant leur vie : personne n'était exempt de leur terrible juridiction; rois et sujets y étaient également soumis. Certes, c'était une grande et belle idée, c'était un principe d'égalité fécond en bons résultats pour l'avenir, que d'appeler le grand jour de la vérité sur la tombe du noble et du berger, du puissant et du faible, du fourbe et du sage, sur celle de tout le monde enfin; nous donnerions certainement notre approbation entière à une pareille institution, si, au lieu d'avoir été l'apanage exclusif d'une caste basse et cupide, qui ne travaillait qu'à son profit, elle eût été l'expression véritable de l'opinion du peuple, ou tout au moins celle de juges librement délégués par lui. Les prêtres seuls adressaient des remontrances aux rois, et dans le cas de vacance du trône, seuls ils les choisissaient dans leur sein : quand ils n'en faisaient pas partie, ils les initiaient dans leur ordre, avant leur inauguration. Seuls ils possédaient les secrets d'une religion dont le vulgaire n'adorait que les images et les emblêmes ; seuls ils connaissaient le langage sacré. A tant d'avantages, ils joignaient encore ceux d'avoir accès dans le conseil des rois, de porter un habit distingué, d'être chargés de l'éducation nationale, de perpétuer dans leurs familles, par l'hérédité du sacerdoce, une puissance si illimitée et si redoutable. Les moindres décisions rendues au nom de la divinité imprimaient à leurs œuvres le cachet de la durée ; on était d'autant plus disposé, en effet, à leur accorder respect et adoration, qu'en leur désobéissant ou en les abrogeant, c'eût été s'attirer la colère des êtres surnaturels et invisibles qui gouvernaient le monde ; mais cette législation était vicieuse en ce qu'enlevant le droit d'examen et de modification, elle immobilisait le progrès, et favorisait les intérêts d'une poignée de privilégiés au détriment de l'intérêt général. Les prêtres ayant seuls écrit l'histoire, on a remarqué qu'ils ont profité de cette espèce de monopole pour ne parler qu'avec mépris, ou pour ne pas parler du tout, des rois qui n'ont rien fait pour la religion ; tandis qu'ils ont transmis à la postérité, en les accompagnant d'éloges outrés, les noms des rois qui embellirent leurs temples.

La constitution de l'Égypte était radicalement mauvaise, et portait en soi les germes d'une mort inévitable, parce qu'elle divisait les citoyens en six classes. Par une iniquité révoltante, il n'était pas permis de changer de classe, ce qui tuait l'émulation ; ensuite les trois ordres qui constituaient la véritable force de l'état, les bergers, les laboureurs et les artisans, étaient classés dans la catégorie secondaire; tandis que les ordres les moins utiles, le roi et les princes, les prêtres et les soldats, étaient classés dans la catégorie principale. Pour que les empires ne se dissolvent point, il faut que leurs constitutions se plient aux progrès des temps, autrement ils finissent par succomber sous les coups des ennemis du dehors ou sous les exigences des citoyens dont elles ne garantissent pas les droits, et ne peuvent être sauvés par les privilégiés, qui sont ou trop lâches ou en trop petit nombre pour pouvoir agir avec succès.

La justice était rendue gratuitement aux Égyptiens par des juges exclusivement occupés de leurs fonctions, auxquelles on avait assigné des revenus, afin de maintenir leur indépendance dans toute son intégrité. Les affaires étaient jugées par écrit et sans avocats devant un tribunal dont le président portait au cou une chaîne à laquelle était suspendue l'effigie de la vérité, qu'il présentait à la partie qui gagnait sa cause lors du prononcé de l'arrêt.

La peine de mort était infligée au meurtrier, au parjure, au calomniateur, à l'homme assez lâche ou impitoyable pour ne pas porter secours à son semblable quand il était attaqué, et qu'il aurait pu le sauver ; au faussaire, c'est-à-dire à celui qui n'aurait pas énoncé sa véritable profession sur un registre destiné à cet usage.

En Égypte, la liberté individuelle était sacrée : on n'y emprisonnait pas même les débiteurs; personne ne pouvait contracter un emprunt sans engager à son créancier le corps de son père, que chacun embaumait et conservait avec un soin religieux. Malheur à celui qui n'aurait pas retiré promptement ce gage précieux ! Il aurait commis une action impie et infame ; s'il mourait sans s'être acquitté de ce pieux devoir, il était privé des honneurs de la sépulture.

La polygamie n'était interdite qu'aux prêtres, qui ne pouvaient épouser qu'une femme. Le mariage entre frère et sœur était autorisé par la législation et encouragé par la religion, puisque les prêtres assuraient que le dieu Osiris avait épousé la déesse Isis, sa sœur.

La vieillesse était extraordinairement considérée, la reconnaissance honorée, l'ingratitude en horreur.

Les Égyptiens croyaient à l'immortalité de l'ame et à la métempsycose. D'après cette dernière croyance, ils s'imaginaient qu'après la mort, les ames de ceux qui avaient mené une vie répréhensible émigraient pour expier leurs fautes dans le corps d'animaux immondes ; comme cette transformation ne pouvait s'opérer qu'après la corruption du cadavre, ils ne négligeaient rien pour la retarder ; de là vient le soin religieux avec lequel ils embaumaient les corps de leurs proches ; de là vient la magnificence de leurs tombeaux et la simplicité de leurs maisons ; ils bâtissaient leurs tombeaux pour l'éternité, et ils faisaient peu de cas de leurs maisons, qui n'étaient à leurs yeux que des demeures passagères.

Quand on considère de près la religion des Égyptiens, il y a de quoi être affligé de leurs superstitions, les plus absurdes que l'esprit humain

puisse concevoir. On douterait qu'ils eussent cru à l'existence d'un être suprême, si l'on ne connaissait point l'inscription qui figurait sur les murs d'un temple de la ville de Saïs, consacré à Isis, dans la Basse-Égypte : « *Je suis ce qui a été, ce qui est et ce qui sera, et personne n'a encore percé le voile qui me couvre.* » Nous allons laisser parler sur ce point M. de Ségur (*Histoire ancienne*, t. 1, p. 33me et suiv., édit. d'Al. Eymery, 1825) : « Ils adoraient
» plusieurs divinités, dont les premières étaient le
» soleil et la lune, sous le nom d'Isis et d'Osiris ;
» la Grèce reçut d'eux le culte de Jupiter, de
» Junon, de Minerve, de Cérès, de Vulcain, de
» Neptune, de Vénus et d'Apollon. Les emblêmes
» sous lesquels ils représentaient leurs divinités
» étaient expressifs, mais bizarres. Un œil au bout
» d'un sceptre signifiait la providence d'Osiris ; un
» faucon, sa vue perçante. La statue d'Isis, toute
» couverte de mamelles, montrait qu'elle nouris-
» sait tous les êtres ; elle portait une cruche et un
» sistre, pour rappeler la fécondité du Nil et les
» fêtes qu'on célébrait en son honneur. Sérapis,
» dieu de l'abondance, avait un boisseau sur la tête ;
» Jupiter Ammon, la tête d'un bélier ; Anubis, celle
» d'un chien ; enfin beaucoup d'autres dieux, celles
» de différens animaux. Le peuple, naturellement
» superstitieux et grossier, oublia bientôt la divinité
» pour adorer ses images, et dans toutes les villes
» et bourgs de ce vaste pays, on vit les animaux et
» les plantes, érigés en dieux, devenir l'objet du
» culte le plus méprisable et le plus fanatique. Le
» rat ou le serpent, adoré dans une ville, était

» méprisé dans l'autre ; on immolait dans un village
» ce qu'on encensait dans le village voisin ; et cette
» opposition d'opinions et d'usages faisait naître
» entre les habitans du même pays des haines
» funestes que Diodore prétend avoir été provo-
» quées par la politique d'un roi qui crut affermir
» son autorité en divisant ses sujets (1).

» Une des plus fameuses de leurs idoles fut le
» bœuf Apis, universellement révéré. Jamais divi-
» nité n'eut des temples plus magnifiques, des
» prêtres plus riches et plus zélés. Les honneurs
» qu'on lui rendait, les dépenses pour le nourrir,
» le désespoir après sa mort, l'empressement à lui
» chercher un successeur, paraissent incroyables.
» Lorsqu'on l'installait à Memphis, toute l'Égypte
» était en fêtes et en réjouissances.

» Il paraît que cette vénération avait fait une
» profonde impression sur les Israélites, puisqu'ils
» se révoltèrent dans le désert contre Moïse, pour
» dresser un autel au Veau d'or.

» L'affection des Égyptiens pour l'Ichneumon
» paraîtra moins déraisonnable, puisque ce petit
» animal combattait le crocodile, monstre redou-
» table et fort commun dans les eaux du Nil.

» La superstition générale était portée à un tel
» point, que les personnes les plus distinguées de
» l'état s'empressaient de servir, dans leurs tem-
» ples, les chats, les oiseaux et les autres objets du
» culte populaire ; déplorable preuve de la faiblesse

---

(1) D'après cela, la maxime sacrilége de Machiavel, *diviser pour régner*, ne serait pas de fraîche date.

» humaine, qui nous fait voir la plus sage nation
» de l'univers livrée aux plus honteuses folies. »

L'agriculture, que le peuple égyptien cultivait avec succès, le rendait peu sensible à la vanité des conquêtes. Cependant les connaissances qu'il possédait en astronomie, en géométrie et dans plusieurs autres sciences, lui procurèrent les moyens de découvrir divers arts et métiers; mais il les perfectionna très peu. Son architecture sans goût offrait des proportions colossales; ses statues étaient des masses informes; ses peintures, qui éblouissent les yeux par la vivacité du coloris, servent à mieux démontrer son ignorance dans un art que les autres peuples ont élevé si haut.

Les Égyptiens commerçaient avec l'Inde, d'où ils rapportèrent de grandes richesses et vraisemblablement quelques unes de leurs connaissances et de leurs lois. Leur navigation s'étendait au dehors par le moyen du Nil qui était coupé par des canaux unissant les villes entr'elles, et la Mer Méditerranée avec la Mer-Rouge.

Ils faisaient peu de cas de la musique, lui reprochant d'amollir les mœurs. Ils étaient toujours graves, même dans le peu de plaisirs qu'ils prenaient, et tempérans jusqu'au milieu de leurs festins qui ne se passaient jamais sans qu'on leur présentât une tête de mort, pour leur rappeler la brièveté de la vie.

Nos lecteurs nous pardonneront cette excursion, en se rappelant qu'elle était nécessaire pour bien comprendre la marche de la civilisation, principalement dans un moment où nous rencontrons

Moïse *instruit*, selon les expressions de la Bible, *dans la sagesse égyptienne*, lui dont la vaste et profonde science embrassait la guerre, la morale, la législation, l'histoire et la poésie.

Moïse dut à l'adoption de la fille de Pharaon d'être élevé à la Cour du roi d'Égypte. Loin de se laisser amollir par la vanité des honneurs, son cœur sensible se révolta à la vue des maux soufferts par les Hébreux, ses compatriotes, soumis aux travaux les plus durs, surchargés d'impôts, accablés de persécutions de toute espèce. Un jour, ayant aperçu un Égyptien qui, sans motif, frappait un Hébreu, il ne put maîtriser la fougue de son caractère, et prenant part à la querelle, il immola l'Égyptien à sa juste colère. Par suite de ce meurtre, obligé de s'enfuir pour n'être pas victime de la vindicte des lois, il se réfugia dans le pays de Madian, où une circonstance heureuse lui procura dès l'abord la main de la fille de Jéthro, prêtre madianite. Occupé du matin au soir à garder les troupeaux de son beau-père dans les vallées d'Horeb et de Sinaï, la solitude de ces déserts et la contemplation de la nature développèrent son génie qui s'éleva bientôt aux plus hautes combinaisons sociales. Enfin, après quarante années d'une vie paisible, entraîné par la voix puissante du dieu de ses pères, qu'il crut entendre dans une de ses extases, il revint en Égypte pour opérer la délivrance de ses frères, et il y parvint à force de ruse et d'habileté, avec le secours de son frère Aaron, dont la voix sonore et éclatante avait le don d'émouvoir les esprits.

Nous ne suivrons pas les Juifs depuis leur sortie

d'Égypte (en 1645 avant J.-C.), jusqu'à leur entrée dans la terre de Canaan (en 1605 avant J.-C.), sous la conduite de Josué ; nous n'entrerons pas dans l'examen des fables, des prodiges, des miracles qui caractérisent les légendes hébraïques ; on concevra aussi qu'il serait par trop oiseux de se livrer à une controverse sérieuse pour savoir si l'intelligence suprême qui préside aux destinées du monde communiqua elle-même au chef des Hébreux les règles qui devaient diriger sa conduite, parce que nous ne croyons pas aux religions révélées ; nous nous occuperons donc de Moïse seulement comme politique, et après cela nous serons forcément conduits à reconnaître en lui un génie supérieur, un des plus grands génies qui aient brillé sur la terre : ses décrets subsistent ; rendus dans une époque de barbarie, ils ont traversé presque sans altération un espace immense de temps, ils sont encore observés par les débris épars de la nation à laquelle il appartenait, et n'ont rien à redouter du coup d'œil scrutateur des siècles éclairés.

Quel législateur comprit mieux que lui que la science sociale n'était une science qu'autant qu'elle réunissait toutes les autres sciences, qu'autant qu'elle formulait un système d'institutions réglant les moindres détails de la vie domestique et les hautes pratiques de la vie politique ? Quel législateur eut plus d'obstacles à surmonter ? Écoutons, à ce sujet, un écrivain juif (1), que nous nous sommes

---

(1) J. Salvador, *Loi de Moïse*, ou *Système religieux et politique des Hébreux*.

fait un devoir de consulter, parce qu'il nous a paru restituer leur véritable caractère à plusieurs points antérieurement présentés sous un faux jour.

« Lycurgue, Numa, Dracon, Solon, nés dans
» un rang élevé, au milieu d'hommes réunis, déjà
» soumis à des lois, et possesseurs d'une patrie,
» sont appelés, par le concours ordinaire des choses,
» à leurs hautes fonctions. Confucius donne sans
» danger les plus sages préceptes à ses concitoyens.
» Mahomet présente à des peuples établis un code
» nouveau, mélange bizarre des lois connues, qu'il
» soutient par le succès de ses armes. Mais Moïse
» arrive avec son seul génie, sans peuple établi,
» sans patrie, sans force matérielle en sa main ; il
» conquiert, pour ainsi dire, une masse d'hommes
» dont il faut changer les habitudes les plus invété-
» rées, et qu'il conduit à travers mille dangers : il
» leur propose un code plein de sagesse et de science,
» et leur prépare, par ses dispositions, la victoire
» qui les rendra maîtres d'un sol indispensable pour
» qu'ils soient comptés comme peuple.

» Dans le cours de ses travaux, nous avons remar-
» qué que son caractère fut inébranlable ; il résiste
» aux obstacles, aux murmures, aux menaces, et
» marche vers son but sans s'arrêter aux considéra-
» tions privées ; la justice, le salut du peuple et la
» nécessité dont la voix se ressentit souvent de la
» barbarie du siècle où elle se faisait entendre, lui
» dictent toutes les résolutions qu'il soumet à l'ap-
» probation des Anciens. Quand il a revêtu son frère
» d'un grade important, c'est la raison qui le lui a
» commandé ; c'est aussi la raison qui lui a dit de

» l'éloigner, dès que sa présence pouvait être dés-
» avantageuse : quand il a désigné Josué, qui n'est
» ni son parent ni son allié, pour chef futur des
» Hébreux, il a considéré qu'ils devaient conqué-
» rir, et que ce capitaine avait déjà donné des
» preuves de fermeté, d'habileté et de vaillance. Il
» a vu frapper ses propres neveux dès qu'ils sont
» devenus coupables ; il a négligé, sous le rapport
» de l'ambition et des dignités, ses enfans. Pour
» lui-même, il n'a jamais tiré aucun parti de son
» influence : il a rapporté ses talens et sa sagesse à
» la puissance générale qui donne à tous la vie et la
» pensée ; il n'a point demandé qu'on lui dressât
» des statues ; il ne s'est point recouvert d'habits
» éblouissans, ni entouré de gardes destinés à le
» défendre ; son éloquence seule étonnait les esprits,
» sa science et sa justice valaient plus qu'une armée.
» Enfin, lorsque dans l'intérêt des lois, il a con-
» damné une génération entière à ne point fouler le
» sol de la terre promise, il s'est soumis au même
» châtiment...........

» Bien plus, il ne se refuse pas seulement la
» satisfaction d'assister à l'accomplissement de son
» ouvrage, il veut encore utiliser les circonstances
» de sa mort ; éviter au peuple la douleur de voir
» insensible et décoloré son corps doué de tant
» d'énergie, et prévenir les suites de cette douleur
» profonde chez des hommes disposés au culte ido-
» lâtre ; des hommes dont l'admiration pour lui, si
» grande pendant sa vie, doit augmenter quand il
» ne sera plus. Afin de les laisser dans une incerti-
» tude qui leur représentât toujours l'esprit d'Israël

» veillant sur leurs destinées, il leur fait donc ses
» derniers adieux et gravit la montagne de Moab,
» sans leur apprendre en quel lieu ses ossemens
» seront déposés. »

Qu'on n'aille pas inférer de ce qui précède, que nous soyons les approbateurs, quand même de tout ce que fit Moïse, et surtout des moyens horribles qu'il employa quelquefois pour parvenir à ses fins; non, certainement, non; vouons à l'exécration publique les actes atroces quand ils n'ont pas pour excuse la loi de la nécessité, le salut de tous! Anathème au furieux démagogue dont l'épée moissonnait l'existence d'hommes égarés qui, pour la plupart, avaient suivi l'impulsion d'Aaron qui avait fondu et dressé le Veau d'or, d'Aaron propre frère du législateur, qui fut épargné et même conservé dans le poste éminent qu'il occupait! Anathème à l'imposteur sanguinaire qui commandait, au nom du Dieu de paix qu'il métamorphosait en Dieu de carnage, et dont il blasphémait la divinité, le massacre d'ennemis désarmés, de femmes et d'enfans inoffensifs! Car si nous voulons que le coupable soit puni, nous ne voulons pas que l'innocent le soit à sa place; car si nous prétendons que le législateur doit être sévère, nous n'admettons pas que cette sévérité doive se pousser jusqu'à la barbarie; mais comme la justice est la règle de notre jugement, nous faisons la part des temps et des circonstances, et nous soutenons qu'à la tête d'un peuple sauvage et indiscipliné, imbu des préjugés, des superstitions et des coutumes des Égyptiens, Moïse a été aussi loin qu'il pouvait aller dans la voie du progrès : il avait à lutter contre le polythéisme, abomination rétrograde qui rompait l'unité religieuse, et il établit le culte de Jéhovah, l'*être*, l'*existence générale*, l'*unité universelle ;* il avait vécu au milieu d'un gouvernement monarchique, et il fonda la première république qui ait existé; il avait été témoin des maux qu'entraînaient après elles la division des castes et la mise en pratique de la théorie anti-sociale qui assujétissait les classes inférieures à la volonté des classes privilégiées, et il proclama l'égalité, la fraternité entre les Hébreux qui peuvent tous prétendre aux fonctions publiques moyennant certaines conditions d'aptitude : la sagesse, la science, une bonne réputation; qui, soldats à vingt ans, nomment leurs officiers, dont l'investiture appartient au chef de l'armée; qui ne sont soumis qu'aux prescriptions de la loi, de la loi qui seule est souveraine, de la loi qui, proposée par quelques-uns et adoptée par tous, devient ainsi l'expression de la volonté générale, de la loi qui, placée sous la sauve-garde d'assemblées particulières et générales, forme un ensemble parfait, dont chaque partie distincte s'harmonisant avec le tout, ramène constamment à son observation et concourt au bonheur de l'état : n'est-ce pas Moïse qui a décrété la responsabilité des fonctionnaires publics, *l'unité et l'indivisibilité* d'un peuple, en divisant Israël en douze tribus, dont aucune n'est assez nombreuse pour se rendre indépendante des autres? N'est-ce pas à Moïse qu'est due l'institution la plus admirable qu'on connaisse, celle du jubilé, dont la publication remettait, tous les cinquante ans, chacun en possession de ce qui lui appartenait primitivement, rétablissait l'équilibre parmi les citoyens, et entretenait la richesse nationale sans gêner la circulation des biens ni la liberté des possesseurs, en empêchant l'accumulation des propriétés sur un petit nombre de têtes? N'est-ce pas à Moïse qu'il faut remonter pour lire cette maxime héroïque, qu'on ne doit jamais traiter avec l'ennemi ni en compter le nombre quand il menace la liberté publique, et que, dans un pareil cas, il ne reste qu'à combattre, vaincre ou mourir? « Quelque revers qui l'afflige, dit quelque » part Moïse (1), le peuple hébreu doit se croire » immortel. » Quelle idée consolante! Quand l'éloquent Mirabeau préludait à sa réputation d'orateur par des écrits dans lesquels étincelait son ame de feu, il proclama aussi l'immortalité du peuple et le néant des priviléges; ses accens retentirent au loin, et ils donnèrent au peuple la conscience de sa force et de ses droits, et les privilégiés tremblèrent, et la nuit du 4 août 1789 vit l'entier anéantissement du privilége; pense-t-on que le tribun marseillais n'ait rien appris dans la législation mosaïque? Pense-t-on que Moïse, en consignant dans sa législation le précepte de l'éternité de son peuple, n'ait pas servi à l'instruction du monde? qu'il n'ait pas soutenu le courage des Hébreux pendant les longues années de souffrances et d'humiliations dont ils ont été abreuvés? Pense-t-on que la persuasion d'être un jour rétablis en corps de nation, ne leur ait pas donné

---

(1) Si ce ne sont pas les propres paroles de Moïse, tel en est du moins le sens.

la persévérance nécessaire pour ne pas être anéantis?

S'il nous était permis de pousser plus avant nos explorations, nous trouverions, dans la morale de Moïse (1), « l'adoration de l'Éternel; la recherche
» continuelle de sa *parole*, qui est le droit, la
» raison et l'utilité nationale; l'amour du pays; la
» connaissance des lois; l'horreur de la servitude
» et des coutumes superstitieuses de l'époque, l'attachement des citoyens les uns envers les autres;
» une excessive bienveillance pour l'étranger; une
» tolérance positive; le pardon des injures; le
» devoir de rendre le bien pour le mal; la foi du
» serment; le respect pour les femmes; l'honneur
» rendu aux parens, aux vieillards, aux sages,
» aux magistrats, aux guerriers; l'hospitalité; le
» zèle de l'amitié; la bienfaisance active envers
» les étrangers, comme envers les nationaux....»
Nous nous contenterons de répéter ici que nous n'entendons pas nous ériger en admirateurs aveugles de tous ses réglemens; car, si nous voulions nous livrer à une critique minutieuse, nous blâmerions, entr'autres dispositions, l'amour exclusif du pays, cet amour qui ne permettait pas aux Hébreux d'adopter ce que les autres peuples leur offraient de bon; nous blâmerions encore l'hérédité du sacerdoce, parce que nous pensons que le sacerdoce est, par son essence, opposé aux lois de la nature, aux lumières de la raison, aux progrès de l'humanité; qu'il est assez vivace par lui-même sans le

---

(1) *Voyez* J. Salvador, *id.*

perpétuer dans les mêmes familles; et qu'il a été une des principales causes de la perturbation des empires : les Hébreux en firent souvent la triste expérience.

En résumé, voilà Moïse tel qu'il nous est apparu; comme nous l'avons jugé sans prévention et sans préjugés, nous ne craignons pas d'être taxés de mauvaise foi; par conséquent nous livrons cette appréciation à nos lecteurs en les prévenant que, si elle n'est pas judicieuse, elle est du moins le résultat des recherches les plus consciencieuses.

On vit s'accomplir dans l'espace de deux siècles (le 16me et le 17me avant J.-C.) : la fondation de Tyr, au sud de Sidon, ville phénicienne, par Agénor dont le fils Cadmus construisit bientôt en Béotie la ville de Thèbes, secondé par une colonie de Phéniciens, peuple des plus remarquables par son industrie commerciale et manufacturière : l'établissement de douze bourgades par Cécrops, qui vint dans l'Attique à la tête d'une colonie de Saïtes, habitans d'une ville du Delta, située auprès d'une des bouches du Nil (1); un déluge effroyable arrivé en Thessalie sous le règne de Deucalion, que la mythologie grecque suppose avoir repeuplé la terre avec sa femme Pyrrha; Dardanus, premier roi de Troie; la première et la deuxième servitude des Hébreux, le gouvernement des Juges chez le même peuple.

Cependant la civilisation grandissait toujours;

---

(1) Ces douze bourgades, rassemblées plus tard par Thésée en une seule ville, prirent le nom de royaume d'Athènes.

Cécrops, à peine établi dans l'Attique, réglait le culte des Dieux et instituait le mariage, ainsi que le *sénat de l'Aréopage*, un des plus célèbres dans l'antiquité par l'intégrité des juges, par l'impartialité des jugemens ; Cadmus apportait dans la Béotie l'écriture alphabétique, le commerce, plusieurs arts utiles ; Danaüs, roi de Cyrenaïque, en Lybie, dépossédé de sa couronne par son frère Egyptus, s'emparait de l'Argolide où il introduisait l'agriculture et abolissait les sacrifices humains ; pendant que les découvertes du fard par Angelo de Rhodes, de l'art de teindre en pourpre par Phénix, fils d'Agénor, de la flûte par Hiognis de Phrygie, des monnaies d'or et d'argent par les Lydiens, découvertes qui, ayant suivi celles du verre par les Tyriens, et du secret de tirer du feu du sein des cailloux par Prométhée, préparaient à des découvertes non moins importantes (pour le 15me siècle avant J.-C.) : effectivement, Aristée découvre aux Grecs les moyens propres à faire cailler le lait, à cultiver l'olivier, à faire des ruches à miel ; le fer est trouvé au mont Ida, le labourage est enseigné en Grèce par Triptolème, les trompettes sont inventées par les Toscans.

Nous avons de plus à signaler ici : une législation célèbre à laquelle Lycurgue emprunta le fond de la sienne ; la législation de Minos, roi de Crète, qui passait alors pour équitable, quoiqu'elle consacrât l'assujettissement d'une classe du peuple nommée périœque, à la classe des citoyens qui exploitait à son profit les labeurs de la première : les Israélites sont délivrés de la troisième servitude par la prophétesse Débora.

Il nous tarde trop de sortir de ces époques, où tout est conjecture et confusion, pour nous arrêter sur les 14me, 13me et 12me siècles avant J.-C. ; sur Sisyphe, chef des Sisyphides, regardé comme le véritable fondateur de Corinthe, parce qu'il embellit cette ville; sur l'arrivée en Italie de Janus, prince grec, qui vint s'établir dans le Latium, dont il civilisa les habitans par ses lois pleines de douceur et de sagesse; sur l'établissement, dans le Péloponèse, de Pélops, chef de la branche des Pélopides, dont les fils, Atrée et Thyeste, se firent un nom par leurs cruautés et par les malheurs de leur postérité; sur le voyage nautique des Argonautes, dont la fable s'est emparée pour en défigurer le but, but tout-à-fait politique et commercial ; sur la naissance et la vie de Persée, qu'on prétend avoir tué involontairement, au milieu de certains jeux, son aïeul Aërisius, roi d'Argos, auquel il succéda; sur les *douze travaux* d'Hercule qui institua les jeux Olympiques et les jeux Néméens ; sur Thésée, un des princes les plus illustres de la Grèce par ses vices et par ses vertus, à qui l'on attribue d'avoir institué, chez les Athéniens, la fête des *Panathénées* en l'honneur de Minerve, et des jeux *Isthmiques* en l'honneur de Neptune ; sur les Héraclides, descendans d'Hercule, expulsés du Péloponèse par les Pélopides, descendans de Pélops ; sur les malheurs inouïs d'OEdipe, sans le vouloir, assassin de son père, mari incestueux de sa mère, de laquelle il eut deux fils, Étéocle et Polynice, frères jumeaux, dont la haine qu'ils se vouèrent, pendant tout le cours de leur existence, prit naissance dès le berceau et ne s'éteignit que par un fratricide dans un combat singulier où ils perdirent la vie sous les coups l'un de l'autre ; sur la guerre des *Épigones*, c'est-à-dire, *des fils* des sept chefs qui avaient commencé le siége de Thèbes où ils avaient été tous tués, et dont le pillage, quand ils l'eurent prise, attesta la vengeance filiale ; sur Gédéon délivrant les Israélites de la quatrième servitude, par des moyens bizarres qui nous paraissent tenir plus du merveilleux que de la vérité ; sur la guerre de Troie et les héros qui y brillèrent, les Hector, les Achille, les Diomède, les Ajax, etc. ; sur la venue en Italie des Sicules, originaires de la Dalmatie, qui chassèrent les Sicanes de l'île de Sicania, à laquelle ils donnèrent le nom de Sicile et où ils s'établirent; sur les aventures d'Énée, prince troyen, fondant, après la ruine de Troie, la ville de Lavinium, sur les côtes de l'Italie ; sur les naufrages d'Ulysse, errant pendant dix ans de rivage en rivage avant de pouvoir aborder à Ithaque, sa patrie ; sur Jephté, égorgeant sa propre fille pour plaire au dieu d'Israël auquel il avait promis d'immoler la première personne qui sortirait de sa maison, s'il lui accordait la victoire contre les Ammonites ; sur Samson, dont la force prodigieuse accrédita, sans doute, des bruits dénués de vraisemblance ; sur les catastrophes sanglantes qui nous représentent Agamemnon succombant sous les coups d'Égyste, amant favorisé de sa femme Clytemnestre, et les meurtriers poignardés à leur tour par le parricide Oreste, fils de Clytemnestre et d'Agamemnon ; enfin, sur le retour des Héraclides parvenant à récupérer le Péloponèse sur les Pélopides, après quatre tentatives infructueuses. Nous énumérerons seulement les principales découvertes qui caractérisent ces trois siècles : Lysius avait inventé l'art de faire des cordes à boyaux pour la lyre; Musée, la sphère; Esculape, l'art de bander les plaies; l'Égypte s'était enrichie de plusieurs bibliothèques; la roue du potier, la scie, le compas étaient mis en usage par Perdix; les tenailles, l'enclume, le marteau, le levier, par Cinyre, roi de Chypre; la saignée était pratiquée au siége de Troie par Podalyre.

Pendant ce temps, la raison commençait à éclairer les esprits; les guerriers, les hommes extraordinaires, les chefs des empires, n'étaient plus élevés au rang des Dieux; on se contentait d'en faire des demi-Dieux, encore le nombre de ceux qui recevaient cet honneur allait-il toujours en diminuant : nous n'en trouverons que rarement par la suite, et l'on peut même conjecturer qu'ils étaient transformés en Divinités, plutôt par la force qui commande, que par la volonté libre du peuple qui croit. La Thessalie, qui l'emportait sur les autres pays de la Grèce par sa population, sa fertilité, sa civilisation, son industrie, réunissait aux Thermopyles le conseil des Amphictyons, composé des députés des douze principales nations de la Grèce, dont les voix pures et fières émettaient les idées les plus avancées de l'époque; les Centaures, que la fable représentait avec un corps moitié homme et moitié cheval, à cause de leur grande habileté à monter cet animal, enseignaient, sur les bords du fleuve Pénée, que le cheval, approprié jusqu'alors à l'attelage des charriots, pouvait être utilement employé à la monture de l'homme; Danaüs le Thessalien, en construisant le *Pentécontore*, qui est le premier vaisseau de guerre qu'on ait employé dans la Grèce, démontrait la supériorité des navires longs sur les bateaux de forme ronde desquels on s'était toujours servi pour faire le commerce de côtes en côtes. Thésée donnait aux Athéniens un gouvernement qu'on a qualifié à tort de *gouvernement démocratique*: peut-on appeler démocratique un état dans lequel le peuple était divisé en trois classes : celle des notables, celle des agriculteurs et celle des artisans? Les principaux magistrats étaient choisis dans la première, ce qui était loin d'établir une égalité parfaite, et renfermait au contraire des germes de collisions perpétuelles, en établissant entre les citoyens des intérêts opposés.

Ces progrès, quelque restreints qu'ils fussent, développaient cependant l'intelligence des peuples, et la guerre de Troie, qui survint sur ces entrefaites, réunissant pendant dix ans, sous les mêmes drapeaux, les diverses nations de la Grèce, contribua à créer *un véritable esprit national général :* or, cet esprit se conserva fort et vivace au milieu des dissentions intestines qui déchirèrent ce pays, et le mit à même de résister à l'invasion étrangère. Les vicissitudes qui suivirent la prise de Troie ne furent pas elles-mêmes inutiles à la propagation du progrès humanitaire; les Héraclides surtout, en forçant à l'émigration la partie du peuple attachée aux Pélopides, imprimèrent à sa marche une impulsion salutaire. La vengeance de ceux-là provoquant de nombreuses émigrations, ces émigrations formèrent des colonies qui s'établirent dans divers endroits : la réaction qui en fut la suite donna encore lieu à d'autres colonies qui finirent, avec le temps, par s'étendre à l'orient et à l'occident de la Grèce, sur les côtes de la Mer-Noire, de la Propontide, de l'Asie-Mineure, de la Thrace, de la Macédoine, de l'Afrique, de la Basse-Italie, des îles principales de la mer Égée, et jusque dans les Gaules. Notre cadre s'opposant à ce que nous en fassions le dénombrement, il nous suffira de faire observer ici qu'elles ne furent pas sans influence sur le développement moral et intellectuel, principalement celles de l'Asie-Mineure où se développèrent les premiers germes *de la poésie épique et lyrique* qui enfantèrent Homère, Sapho et Alcée.

Aux 11me et 10me siècles avant J.-C. était réservé l'accomplissement de certains événemens d'une haute importance. Tandis que les Athéniens, désespérant de trouver un monarque héritier des vertus de Codrus, qui s'était sacrifié au salut de la patrie, abolissaient chez eux la royauté après la mort de ce roi, et se constituaient en république sous l'autorité d'un premier magistrat à vie, appelé *Archonte* (1), les Hébreux, fatigués du gouvernement des juges, s'adressaient à Samuël, le dernier d'entr'eux, pour qu'il leur présentât un roi. Celui-ci, ne pouvant conserver le pouvoir, voulut du moins le

---

(1) Dans la suite, au lieu d'un seul archonte, il en fut établi neuf, et la durée de cette magistrature, limitée à dix années, le fut plus tard à une seule.

gérer sous le nom d'un autre ; à cet effet, il jeta les yeux sur Saül, de la tribu de Benjamin, homme d'une figure distinguée et d'une taille imposante, brave guerrier, mais dénué de capacité, dont le peuple ratifia le choix dans une assemblée générale tenue à Maspla. Saül ne répondant pas toujours à ses vues, Samuël conféra le diadème à David, de la tribu de Juda, un des plus grands princes qui aient existé, malgré les taches nombreuses qui déparent sa vie. A David succéda Salomon, dont le règne pacifique et brillant fut l'apogée de la prospérité à laquelle s'est élevé le peuple hébreux : la renommée a vanté, outre-mesure, sa sagesse, ce que nous serions disposés à reconnaître, si l'on devait nommer sagesse, sa vanité, son despotisme, son idolâtrie, sa passion effrénée pour les femmes, vices qui ternirent ses qualités. Sous l'insolent Roboam, fils et successeur de Salomon, éclata entre les tribus un schisme depuis longtemps comprimé par la fermeté vigilante de David et de Salomon. Dix tribus se séparèrent de celles de Juda et de Benjamin : de là naquirent les royaumes de Juda et d'Israël, qui eurent pour capitales : le premier, Jérusalem ; le second, Samarie.

Cette scission eut des effets désastreux ; en détruisant l'unité du peuple hébreux, elle le rendit faible, absolument incapable de résister aux états voisins ; elle fut la principale cause de sa dispersion et de ses revers inouis, dont il n'a jamais pu se relever depuis.

Alors les arts et les sciences n'étaient pas stationnaires ; les psaumes de David, les poèmes de

Salomon, les connaissances de ce roi en philosophie et en botanique, l'édification du temple de Jérusalem, l'art des parfums découvert par les Ioniens, les écrits de Sanchoniaton sur les antiquités phéniciennes, desquels il ne nous a été transmis que quelques fragmens ; les poèmes d'Homère, où les poètes, les historiens, les législateurs, les artistes ont été s'impressionner des plus sublimes théories sur la poésie, l'histoire, la législation et les arts ; les ouvrages d'Hésiode, traitant tout à-la-fois l'agriculture, la philosophie, la morale, l'économie domestique, en style gracieux, attestent le dégré de perfection où ils étaient parvenus (dans les 10me et 11me siècles avant J.-C.), et semblent annoncer les progrès qui vont suivre.

Ici (le 9me siècle avant J.-C.) apparaissent les découvertes de la plastique par Dibutade de Sicyone, et de la peinture monochrome par Cléophante de Corinthe, la fondation de Carthage, en Afrique, par Didon, veuve de Siché et sœur de Pygmalion, roi de Tyr, dont la fin tragique a inspiré à Virgile un des plus magnifiques épisodes de son épopée, et la législation de Lycurgue.

Lycurgue, fils d'Eunonimus, roi de Lacédémone, gouverna quelque temps ce royaume pendant la minorité de son neveu ; mais la calomnie ayant fait courir le bruit qu'il cherchait à détrôner ce dernier, il s'expatria et voyagea en Crète, en Égypte, en Asie, pour étudier les lois de ces divers pays. Pendant ce temps, il s'éleva des désordres à Lacédémone. La sagesse et la fermeté de Lycurgue étaient invoquées dans la crise : il fut rappelé, et il profita de cette circonstance pour changer le gouvernement de Sparte. Ce projet accompli, il restitua le pouvoir à son neveu Charélaüs. Afin d'imprimer à son ouvrage une fixité qu'on ne pût pas transgresser, il prétexta un voyage, ayant soin, avant son départ, de faire jurer au peuple de ne rien toucher aux nouvelles lois jusqu'à son retour. Alors il s'exila volontairement de sa patrie qu'il ne revit plus. On prétend que, pour enlever à ses compatriotes l'idée de se soustraire à leur engagement, il ordonna à ses amis, dans l'île de Crète où il mourut, de brûler son corps et d'en répandre les cendres à la mer, parce qu'il craignait que ses restes, venant un jour à être reportés chez les Spartiates, ceux-ci ne se crussent déliés de leur serment.

Quand Lycurgue conçut le dessein de donner des lois aux Spartiates ou Lacédémoniens (1), ils étaient depuis deux siècles en proie aux dissensions intestines et à l'anarchie, sous des rois de la race des Héraclides. Méditant sur les causes de ce malaise, il s'aperçut qu'elles provenaient des vices de la législation existante. Cette découverte lui fit entreprendre la régénération de son pays par la création d'un vaste système d'institutions embrassant les détails de la vie privée et publique, ou, pour mieux dire, annulant complétement la vie privée au profit de l'autre, puisque l'on y voit constamment les intérêts individuels subordonnés et sacrifiés aux

---

(1) Les Spartiates avaient originairement conquis le pays sur les Lacédémoniens qu'ils réduisirent primitivement à la condition de sujets, et avec lesquels ils se confondirent dans la suite.

intérêts généraux. En effet, la législation de Lycurgue respire au suprême degré l'abnégation personnelle, l'amour et l'enthousiasme pour la patrie : les statues, les images de toutes les divinités sont représentées armées et protégeant les Spartiates ; les monumens magnifiques élevés à la mémoire des morts sont interdits ; on ne permet pas d'inscriptions sur les tombes, excepté une seule sur celle du brave moissonné sur le champ de bataille. A Sparte, point de pleurs, point de cris en public, même pour de légitimes douleurs : les mères doivent imposer silence à leurs entrailles quand elles perdent leurs enfans, pour ne songer qu'au succès du peuple ; les pères doivent oublier qu'ils ont des fils, les fils qu'ils ont des pères pour se rappeler qu'avant tout ils sont citoyens, et qu'en cette qualité ils doivent se dévouer entièrement au bonheur de l'état.

Chose extraordinaire ! le gouvernement avait deux rois ; mais leur autorité était si restreinte, qu'on ne pouvait guère les regarder que comme les premiers magistrats de la république. Ces rois ne pouvaient rien faire sans consulter un sénat, espèce de contre-poids entre les rois et le peuple, composé de vingt-huit membres nommés à vie par le peuple, et qui devaient être âgés de soixante ans au moins. Pour tempérer le pouvoir trop absolu du sénat, Lycurgue institua le conseil des Éphores, composé de cinq membres qu'on renouvelait chaque année, exclusivement chargé de contrôler les actes du sénat, de veiller au maintien de la constitution, de convoquer et de dissoudre les assemblées du peuple qui se faisaient par tribus et par cantons, dans lesquelles l'on confirmait ou l'on rejetait les arrêts des deux rois et du sénat. Ces assemblées étaient de deux espèces, et formées, l'une par neuf mille Spartiates, l'autre par trente mille Lacédémoniens ; or, pour établir une parfaite égalité entr'eux, Lycurgue fit un nouveau partage des terres, dans lequel il assigna neuf mille lots aux premiers, et trente mille aux seconds. Les propriétés étaient inaliénables et transmissibles seulement par héritage ou par donation aux héritiers mâles ; ce n'est qu'à défaut de ceux-ci que les filles héritaient.

Une monnaie de fer fort pesante remplaça l'influence corruptrice de la monnaie en usage. Un système de repas communs, pris en public, auxquels étaient tenus d'assister indistinctement tous les citoyens des deux sexes, divisés par catégories, entretenait la santé publique, au moyen de la prescription rigoureuse de mets peu recherchés : on se nourrissait spécialement de pain, de vin, de figues, de fromage, de viande, encore ce dernier aliment n'était-il pas servi tous les jours. Les enfans de Sparte, confiés, à l'âge de sept ans, aux soins des hommes les plus sages et les plus instruits, étaient façonnés de bonne heure à l'obéissance, au travail, à toutes les privations imaginables : ils combattaient entr'eux entièrement nus et la tête rasée. L'instruction restreinte qu'on leur donnait, consistait à apprendre le dessin, la musique, à savoir lire et parler facilement la langue grecque, à être à même d'exprimer leurs idées avec une extrême concision. Les Spartiates, livrés tout entiers à la science du gouvernement et de la guerre, abandonnaient aux

Ilotes (1) la culture des terres, qu'ils regardaient comme un métier avilissant. Pendant les loisirs de la paix, ils s'adonnaient par prédilection aux jeux du gymnase et à des amusemens guerriers. Les cérémonies religieuses absorbaient une partie de leur temps. Leurs régimens, forts de douze cent douze hommes, se divisaient en quatre compagnies, lesquelles, à leur tour, se subdivisaient en sections. En campagne, ils jugeaient au-dessous d'eux une manutention journalière qu'ils confiaient à des esclaves et à des domestiques qui les escortaient partout avec la consigne de transporter leurs bagages, d'apprêter et de servir leur nourriture. Chez les Spartiates, soit dans leur manière de combattre, soit dans l'ordonnance de leurs marches et contre-marches, soit dans leur tactique de faire précéder l'infanterie par un corps de cavalerie comme éclaireurs, soit dans la disposition circulaire de leurs camps, qu'ils entouraient de postes avancés, afin d'empêcher les surprises, l'art militaire annonçait autant de simplicité que d'habileté. Calmes et joyeux le jour d'une bataille, parés de leurs plus beaux habits, leurs longues chevelures tressées et frisées, les Spartiates, après avoir offert des sacrifices aux Dieux, s'avançaient d'un pas ferme et assuré contre l'ennemi qu'ils déconcertaient et déroutaient par la rapidité, par la précision de leurs évolutions, par l'impétuosité de leur attaque, à laquelle on

---

(1) Les Ilotes étaient ainsi nommés de la ville d'Élos dont les Spartiates se rendirent maîtres et soumirent les habitans au plus dur esclavage. Cet esclavage se perpétuait de père en fils.

résistait rarement. Pour obvier aux inconvéniens de la dépopulation, résultat ordinaire des guerres trop multipliées, Lycurgue imposa à tous les citoyens l'obligation du mariage : les célibataires, assujettis à toutes sortes d'outrages, exclus des assemblées publiques, traînaient une existence méprisée ; ils étaient même fouettés de verges par les dames lacédémoniennes. Une critique des plus passionnées a été dirigée contre les lois sur l'éducation des femmes, parce que ces lois sont en opposition choquante avec les idées et les mœurs de notre civilisation. Dans leur bas âge, l'éducation des filles ne se distinguait nullement de celle des jeunes gens ; comme eux, elles s'habituaient aux exercices les plus pénibles de la gymnastique ; comme eux, dépouillées de tout vêtement, elles s'exerçaient à la lutte, à lancer le disque et le javelot, à nager dans les eaux glacées de l'Eurotas. Leur vie sédentaire de femmes mariées contrastait singulièrement avec l'activité de leur vie de jeunes filles : abandonnant la simple robe virginale, qui ne leur pendait qu'aux genoux, elles portaient alors une robe leur descendant jusqu'aux talons, et ne se produisaient plus que rarement en public. Lycurgue, pensant avec raison que la fidélité matrimoniale n'avait pas de risques à courir dans une cité incorruptible, ne porta aucune peine contre l'adultère, et, qui plus est, le permit dans un cas déterminé : l'homme impuissant pouvait avoir recours à un ami pour féconder sa femme ; la morale privée et publique n'éprouvait aucune atteinte de cette dérogation aux susceptibilités conjugales ; il était du devoir de chaque citoyen de procurer ou de procréer des enfans à la patrie pour la rendre puissante, cette autorisation de la législation ainsi que la proscription du célibat ayant pour objet essentiel de prévenir la dépopulation de l'état.

L'exposé ci-dessus, quelque incomplet qu'il soit, pourra donner une idée légère de la législation de Lycurgue, que certains trouvent absurde et extravagante, quand d'autres en exaltent outre-mesure la perfection. Faisant la part de l'éloge et de la critique, nous conviendrons qu'il est infiniment difficile d'en apprécier le mérite, sans remonter à près de vingt-huit siècles de distance; qu'il fallait bien, du reste, qu'elle eût quelque chose de fécond, puisqu'elle enfanta un peuple de héros, dont la gloire s'éleva au-dessus de celle de tous les peuples de la Grèce; nous nous affligerons aussi des principes de barbarie qu'elle préconisait, car toute législation non basée sur l'humanité, c'est-à-dire, sur la justice, est radicalement vicieuse et renferme des germes de dissolution qui tôt ou tard finiront par l'étouffer. Examinons :

Est-ce de la justice que cette distinction de castes établissant la prééminence des Spartiates sur les Lacédémoniens? Ne semble-t-il pas que le hasard de la naissance doive présider aux destinées des nations, et que le mérite soit l'apanage exclusif de quelques familles privilégiées?

Est-ce de la justice que cet état d'assujettissement et d'abrutissement dans lequel Lycurgue laissait croupir les malheureux Ilotes? Quoi! Des hommes seront condamnés à travailler continuellement pour leurs maîtres, à leur procurer toutes les aises compatibles avec leur rigide constitution, et ce ne sera point assez ! Pour comble d'iniquités, il faudra encore les dégrader davantage ! Ils seront exposés aux regards du public dans un état d'ivresse, afin de dégoûter les jeunes Spartiates du vice honteux de l'ivrognerie.

Est-ce de la justice que de condamner à périr en naissant les enfans mal conformés, sous prétexte qu'*ils ne sauraient que faire de la vie, s'ils n'avaient qu'une existence douloureuse*? De combien d'existences utiles à la patrie et à l'humanité n'aurait-on pas tranché le fil, si partout on eût employé ce terrible moyen? Que de fois l'expérience nous a appris que des personnes difformes, ou peu favorisées en naissant des dons de la nature, ont révélé ensuite des aptitudes qu'on n'aurait pas attendues d'elles ! Les Spartiates eux-mêmes, en épargnant, au mépris de leurs lois, la mort à Agésilas, qui naquit boîteux, ne se réservèrent-ils pas un de leurs plus illustres capitaines?

Lycurgue, au lieu de nommer les sénateurs pour peu de temps, ferme la carrière à de louables ambitions en rendant leurs charges viagères : injustice !

Lycurgue laisse subsister un engrenage inutile, en conservant l'hérédité de rois qui tendront nécessairement à accroître leur puissance au détriment de l'état : injustice !

Rien n'est immuable, et la législation doit suivre les progrès des lumières, se plier aux exigences des tems, admettre les intérêts nouveaux ou exclus, ou oubliés ; Lycurgue imprime à la sienne une incommutabilité qui est hors des règles de la nature : injustice !

Pour prévenir les interprétations de la mauvaise foi, l'usage est de coucher la législation par écrit ; Lycurgue, au contraire, ouvre un vaste champ à l'arbitraire des gouvernans, en ne se conformant point à une règle si simple et si rationnelle : injustice : tout cela criante injustice !.....

On va peut-être nous appeler rigoristes : eh ! non, ce n'est pas du rigorisme, c'est de la franchise ; en commençant, nous avons promis d'exprimer la vérité telle qu'elle apparaîtrait aux yeux de notre conscience, en ce moment nous tenons parole.

Nous sommes enfin sortis des tems poétiques pour entrer dans les tems législatifs. Notre allure va devenir plus décidée, basée qu'elle sera sur des documens plus clairs, quoiqu'ils ne soient pas toujours authentiques. Déjà nous possédons une date certaine dans l'ère des Grecs qui part d'une Olympiade (1) (an 776 avant J.-C.), où Chorœbus d'Elide, célèbre lutteur, remporta le prix aux jeux Olympiques. Elle avait été précédée de la fondation du royaume de Macédoine par Caranus, prince Argien, de la famille d'Hercule, à qui un oracle avait ordonné d'établir une colonie dans ce pays ; elle précéda de huit olympiades la première guerre de Messénie, guerre terrible entre les Messéniens et les Lacédémoniens, qui après vingt ans

---

(1) L'olympiade était un intervalle de quatre ans, commençant au solstice d'été. Ce nom vient d'Olympie, ville d'Élide, dans le Péloponèse, où l'on célébrait des jeux en l'honneur de Jupiter Olympien, auquel on offrait une couronne de laurier.

se termina à l'avantage des derniers. Elle avait été occasionnée par des violences commises contre la pudeur de jeunes Lacédémoniennes dans un temple de Diane, bâti à frais communs par les deux peuples sur les confins de la Messénie et de la Laconie. Ne pouvant se résoudre à survivre à leur déshonneur, elles s'étaient donné la mort.

Dans ce siècle (le 8me avant J.-C.), l'efféminé Sardanapale, ayant prévenu la honte d'être détrôné par ses officiers, en se précipitant avec ses femmes dans les flammes d'un bûcher qu'il avait fait allumer dans son palais, sa mort mit fin à sa dynastie et au puissant empire d'Assyrie, des débris duquel se formèrent trois monarchies : celle de Médie, dont Arbacès, qui avait été un des premiers à lever l'étendard de la révolte contre Sardanapale, *indigné*, disait-il, *de voir tant d'hommes obéir à un pourceau*, acquit l'administration; celle de Babylone qui eut pour roi Bélésis ou Nabonassar, connu par l'ère (1) (747 ans avant J.-C.) qui porte son nom, sous le règne duquel l'astronomie fit de grands progrès; celle de Ninive, où la royauté fut exercée par Phul, dont le fils, Teglath-Phalasar, se distingua par ses conquêtes dans la Judée. Environ quarante ans après, Salmanasar, fils de ce dernier, assiégea Samarie, capitale du royaume d'Israël, la prit et emmena prisonniers à Ninive les habitans de cette ville avec une grande partie des Hébreux des dix tribus, détruisant ainsi le royaume d'Israël qui,

---

(1) L'ère était un dénombrement d'années remarquable par quelque grand événement.

tant qu'il subsista, fut en guerre avec les rois de Juda et ceux d'Assyrie. Son dernier roi fut Osée. Cependant le grec Bularchus avait introduit dans la peinture plusieurs couleurs; Théodore de Samos avait révélé l'équerre et le niveau; Rome avait été fondée par Romulus (753 avant J.-C.).

Les commencemens de Rome sont environnés d'erreurs et de mensonges. Il paraît que, dans le principe, ce n'était guère qu'une bourgade habitée par un ramas de voleurs et de brigands qui en avaient fait le repaire de leurs rapines. Ils étaient l'écume des nations de l'Italie; mais de cette écume sortit un peuple de héros. Romulus, premier roi des Romains, prince conquérant, leur donna une organisation militaire et forte qui fut le fondement de leur grandeur. Cette organisation ne reposait point sur l'égalité, car il constitua un corps de cent sénateurs, choisis parmi les plus riches. Telle fut l'origine du patriciat dont nous aurons souvent l'occasion de signaler les vices. Romulus répartit tous les citoyens capables de porter les armes dans plusieurs légions composées chacune de trois mille fantassins et de trois cents cavaliers. Ce roi jouissait d'un pouvoir très borné, n'ayant que celui de convoquer le sénat et les assemblées du peuple; de plus, il proposait les affaires; il commandait l'armée quand la guerre avait été résolue; il ordonnait la répartition des deniers de l'état, dont la garde était confiée à deux trésoriers que depuis on appela questeurs. Numa-Pompilius, son successeur (an 714 avant J.-C.), profita des années d'une longue paix pour instituer les cérémonies de la religion. Feignant d'avoir des entretiens secrets avec la nymphe Égérie qui lui fournissait, disait-il, de célestes conseils, il abusa de la crédulité du vulgaire pour imposer aux Romains ce long cortége de pontifes, de devins, d'augures, d'aruspices, qui les rendit le peuple le plus superstitieux de la terre.

Vers le même tems, Séthos, ancien prêtre de Vulcain, s'empara du trône de Sabacon (1), prince Éthiopien, qui, sur la foi d'un oracle, avait entrepris et fait la conquête de l'Égypte. Séthos, imbu des préjugés d'une éducation pacifique, fit peu de cas des gens de guerre qu'il dépouilla de tous leurs priviléges. Après sa mort, personne ne réunissant des qualités assez brillantes pour obtenir l'obéissance des grands et du peuple, l'Égypte fut plongée dans une affreuse anarchie jusqu'au moment où douze des principaux seigneurs, formant une ligue impie dans un but d'asservissement, se partagèrent l'administration du pays. Quinze années se passèrent dans une parfaite intelligence, et probablement elle n'aurait pas été de longtems troublée, sans la prédiction d'un oracle qui avait annoncé que toute l'Égypte appartiendrait à celui d'entr'eux qui ferait des libations à Vulcain dans un vase d'airain. Dans une cérémonie en l'honneur de ce dieu, il ne se trouva que onze coupes pour faire des libations; alors Psammitique, dont le hasard favorisa peut-

---

(1) On doit à Sabacon une innovation qu'il est essentiel de signaler, parce qu'elle ferait honneur à la philanthropie d'une époque plus civilisée; il supprima la peine de mort à laquelle il substitua les travaux publics.

être l'ambition, se servit de son casque d'airain. Cette circonstance alluma contre lui la haine de ses collègues. Il fut d'abord exilé par eux dans une contrée marécageuse ; mais une tempête ayant jeté sur cette côte des soldats grecs, avec leur secours il vainquit ses onze concurrens, et régna seul sur les Égyptiens (an 656 avant J.-C.). Psammitique étendit considérablement le commerce maritime de l'Égypte. Il fut encore en cela surpassé par son fils Néchao, par l'ordre duquel des navigateurs phéniciens partirent de la Mer-Rouge, firent le tour de l'Afrique, et revinrent en Égypte par le détroit de Gibraltar.

Dans le 7me siècle avant J.-C. éclata la seconde guerre de Messénie, dans laquelle les Messéniens, malgré les exploits d'Aristomène qui, par sa bravoure, aurait mérité de briser les fers de sa patrie, furent encore vaincus par les Spartiates réchauffés et électrisés par les vers du poète Tyrtée. A Athènes, l'archonte Dracon rédigea un code de lois écrites, dont l'excessive sévérité était un obstacle à leur exécution ; ce qui fit qu'elles ne durèrent pas longtems. Le royaume de Juda, dont la ruine, prophétisée dans les lamentations de Jérémie, avait été retardée par l'assassinat patriotique de la belle Judith sur la personne d'Holopherne, général d'Assaradon (1), fut détruit (2) par le fameux

---

(1) Assaradon, roi des Ninivites, en s'emparant de Babylone, avait formé une seule puissance des royaumes de Babylone et de Ninive.
(2) A proprement parler, la fin du royaume de Juda n'arriva que l'an 587 avant J.-C., époque où Nabuchodonosor prit Jérusalem

Nabuchodonosor, qui dévasta Jérusalem, rasa son temple, et réduisit (l'an 606 avant J.-C.) les Hébreux en esclavage. Leur captivité dura 70 ans, jusqu'au règne de Cyrus qui, leur ayant rendu la liberté et restitué leurs terres, leur permit de rebâtir le temple de Jérusalem. Nabuchodonosor était fils de Nabopolassar qui, étant gouverneur de Babylone, ville de la dépendance du roi de Ninive, s'était révolté contre Sarac, prince méprisable par sa mollesse. Soutenu par Astyage, roi des Mèdes, il avait pris Ninive, l'avait détruite, et avait accumulé sur sa tête l'empire des Ninivites et des Babyloniens. A Rome, pendant le règne de Tullus-Hostilius, monarque guerrier, se passa (l'an 667 avant J.-C.) le combat des Horaces et des Curiaces, dans lequel la victoire du romain Horace, qui survécut seul à ses frères et à ses antagonistes, assura à sa patrie la prééminence que lui disputait la cité d'Albe, sa rivale. Albe fut démolie, et ses habitans, transportés à Rome, servirent à accroître la puissance de cette dernière. Dès lors commence l'unité du pouvoir romain, consolidé de plus en plus par les succès subséquens des rois Ancus-Martius et Tarquin-l'Ancien sur les Latins, les Fidénates, les Sabins, les Véiens, les Volsques. Les Phocéens, Grecs de l'Asie-Mineure, fondèrent les villes de Marseille et d'Arles, au sud de la Gaule. Les Gaulois, nations belliqueuses de l'occident de l'Europe, descendans

---

pour la quatrième fois; mais à dater de l'an 606 avant J.-C., son existence était purement nominale, les rois de Juda n'étant que des tributaires toujours à la merci de celui d'Assyrie.

des Celtes, peuples de la race caucasienne, apparurent sur la scène pour la première fois (l'an 600 avant J.-C.). Tandis qu'une de leurs expéditions, conduite par Sigovèse, passa le Rhin et s'établit dans la Germanie, une autre, ayant à sa tête Bellovèse, franchit les Alpes et se fixa au nord de l'Italie, où elle jeta les fondemens de Vérone, Milan, Brescia, Vicence, Bergame. Bysance et Cyrène prirent naissance : la première dans la Thrace, la seconde dans l'Afrique. La philosophie, les belles-lettres, les sciences, les arts prirent une extension extraordinaire : Terpandre ajouta trois cordes à la lyre; les Étrusques se signalèrent par leurs ouvrages, principalement en mettant au jour la peinture sur émail; Alcée et Sapho placèrent à un degré éminent la poésie lyrique; Archiloque inventa les vers iambiques ou satyriques; Ésope composa des fables; Théogènes et Thucylide écrivirent des sentences et des maximes. Alors vivaient sept philosophes, surnommés les sept sages de la Grèce, dont les philosophies enfantèrent un grand nombre de sectes : à Milet, Thalès, le premier géomètre, le premier physicien, le premier astronome de la Grèce, qui, avant tous, enseigna à observer une éclipse de soleil; à Lacédémone, Chilon, dont la doctrine égoïste rapportait tout à l'amour de soi; à Mitylène, Pittacus, dont la philanthropie saisissait toutes les occasions de faire le bien; à Priène, Bias, qui par son principe de rapporter tout à Dieu, enseignait aux hommes à reconnaître une intelligence supérieure; à Rhodes, Cléobule, qui, en recommandant d'obliger ses ennemis pour en faire des amis, nous paraît avoir montré plus de bonté que de discernement ; à Corinthe, Périandre, dont les lois contre l'oisiveté et le luxe préconisaient un système conservateur des sociétés ; enfin, à Athènes, Solon, connu par sa sagesse et son profond jugement, qui mit un terme à l'anarchie, fléau de sa patrie, en publiant dans le siècle suivant (594 ans avant J.-C.) la législation de laquelle nous allons entretenir brièvement nos lecteurs.

Les Athéniens étaient en proie à la fureur des factions, quand ils choisirent pour législateur Solon, que ses nombreux voyages dans diverses contrées, et sa connaissance approfondie du cœur humain, rendaient digne de leur confiance. Quoique sa législation soit la plus démocratique de toutes celles de l'antiquité, il s'en faut de beaucoup qu'elle soit sans défauts ; au contraire, les citoyens riches, qui seuls avaient accès aux charges et aux magistratures, furent répartis en trois tribus, désignées : la première, sous le nom de *Pentacosiomedimnes*, dans laquelle furent classés tous les possesseurs d'un revenu annuel de cinq cents minots et au-dessus ; la seconde, sous le nom de *chevaliers*, dans laquelle entrèrent tous ceux qui avaient un revenu de trois cents minots, et pouvaient entretenir un cheval ; dans la troisième furent appelés, sous le nom de *Zeugytes*, ceux qui n'en avaient que deux cents. Dans une quatrième tribu se trouvaient entassés pêle-mêle tous les citoyens pauvres qu'on nommait *Thètes*, c'est-à-dire mercenaires ou manouvriers, auxquels était accordé, comme par grâce, le droit de voter dans les assemblées publiques. Ainsi se trouvait consacrée une inégalité des plus choquantes; ainsi, l'exploitation de l'homme par l'homme ne tarda pas à étouffer la liberté, quand Pisistrate s'emparant du pouvoir suprême (an 564 avant J.-C.), se fut mis à exercer une odieuse tyrannie, que sa mort même ne put interrompre. Remplacé au pouvoir souverain par ses deux fils, Hippias et Hipparque, celui-ci mourut poignardé par deux jeunes citoyens (Harmodius et Aristogiton), dont il avait outragé la sœur, et les Athéniens, aigris par la cruauté d'Hippias, secouèrent à la fin un joug si honteux; ils le chassèrent et revinrent au gouvernement de Solon, précisément une année après que Rome eût adopté la forme républicaine.

Avant ce dernier événement, Servius-Tullius, gendre et successeur de Tarquin-l'Ancien, fidèle à cette politique naturelle aux rois, celle de favoriser l'empiètement de ceux qui possèdent sur les droits de ceux qui ne possèdent pas, avait fait passer toute l'autorité dans le corps des patriciens (1). Il avait institué *le cens* ou dénombrement des citoyens qui se faisait tous les cinq ans; ce dénombrement s'appelait *lustre*. Tarquin-le-Superbe étant monté sur le trône en assassinant Servius-Tullius, son beau-père, gouverna les Romains avec une cruauté inouïe

---

(1) Servius-Tullius avait réparti le peuple romain en cent quatre-vingt-treize centuries. Les suffrages ne se comptant plus par têtes, mais par centuries, et les centuries composées des sénateurs, des patriciens, des gens riches ou à leur aise, formant l'immense majorité, les citoyens pauvres étaient toujours assurés d'avoir la minorité dans l'élection des magistrats, dans la confection des lois et dans tous les actes de la souveraineté nationale.

jusqu'au moment où ils coururent aux armes, excités par l'impudicité de Sextus, fils de leur tyran, contre la personne de la chaste Lucrèce, qui se tua pour ne pas survivre à son déshonneur. Tarquin fut chassé de Rome, la royauté abolie, et la république proclamée sous l'administration de deux consuls annuels investis du pouvoir exécutif. Les deux premiers citoyens élevés à cette dignité furent Collatin, mari de Lucrèce, et Junius Brutus, si renommé à cause de cette rigidité patriotique avec laquelle il condamna ses deux enfans, coupables d'avoir trempé dans une conspiration en faveur de Tarquin. Celui-ci, cherchant toujours à recouvrer sa couronne, avait obtenu l'appui de Porsenna, roi d'Etrurie, qui, à la tête d'une puissante armée, vint mettre le siége devant Rome. La ville aurait peut-être été prise sans le courage héroïque d'Horatius-Coclès, empêchant seul l'ennemi d'effectuer le passage d'un pont situé sur le Tibre, et sans le dévouement sublime de Mutius-Scévola plongeant dans un brasier ardent sa main coupable d'une fatale méprise (1). Bien que Porsenna eût levé le siége, Tarquin ne renonça pas à son entreprise; s'étant ménagé secrètement le secours de trente villes du pays latin, celui des Herniques et des Volsques, la guerre continua jusqu'à la bataille près du lac Régille, dans laquelle ses deux fils furent tués. Durant cet espace de temps, la désunion s'était glissée parmi les Romains, tellement que le peuple,

---

(1) Au lieu de frapper Porsenna, il avait poignardé son secrétaire qu'il avait pris pour le roi.

fatigué de l'avarice et de la dureté des patriciens, s'apercevant qu'il n'avait fait que changer de maître, refusa de marcher à l'ennemi. On ne put l'y faire consentir qu'en nommant Lartius *dictateur* (1). Ce moyen suspendit mais ne termina point la querelle entre les deux ordres (celui des patriciens et celui des plébéïens); nous la verrons bientôt se renouveler avec plus d'acharnement que jamais; toutefois nous n'aborderons pas ce sujet qu'au préalable nous n'ayons fait connaître certains faits contemporains qui appellent aussi notre attention.

Cyrus fondait (536 ans avant J.-C.) le puissant empire de Perse, borné à l'orient par l'Inde, au nord par la mer Caspienne et par le Pont-Euxin, au couchant par la mer Égée, au midi par l'Éthiopie et par la mer d'Arabie. Ce conquérant, fils de Cambyse, roi de Perse, et de Mandane, fille d'Astyage, roi des Mèdes, semblait se faire un jeu de détrôner les rois et d'asservir les peuples. Il vainquit Crésus, roi de Lydie, qui apprit à ses dépens que les trésors ne mettent pas toujours les rois à l'abri des vicissitudes de la fortune; il soumit la Syrie et une partie de l'Arabie, et il mit fin à la deuxième monarchie assyrienne par la prise de Babylone, où régnait Balthasar, surpris et tué au milieu d'un festin qu'il donnait à ses officiers. Cambyse, fils de Cyrus, accrut encore les bornes du royaume de Perse en s'emparant de l'Égypte

---

(1) L'autorité du dictateur était absolue et passagère; il avait droit de vie et de mort sur tous les citoyens; dès qu'il était nommé, toutes les autres magistratures cessaient ou lui étaient subordonnées.

(580 ans avant J.-C.). Ce roi cruel et ambitieux échoua dans ses projets de conquête sur Carthage, sur l'Éthiopie, et sur le temple de Jupiter-Ammon. Aigri par ces mauvais succès, il ordonna le meurtre de son frère Smerdis dont il était jaloux; et dans un accès de brutalité, il tua d'un coup de pied Méroé tout à-la-fois sa sœur et sa femme. Pendant son absence, le mage Smerdis ayant usurpé le trône de Perse en se faisant passer pour Smerdis, frère du roi, il se disposait à châtier le rebelle, quand, se blessant à la cuisse avec son sabre, il mourut à Ecbatane des suites de sa blessure (532 ans avant J.-C.), sans laisser de postérité. Peu après, le mage Smerdis fut chassé par Darius, fils d'Hystaspe, sous le règne duquel les Perses occupèrent les Indes.

Le 6me siècle avant J.-C. fait époque dans les annales du monde. Outre que Cyrus, par ses victoires, changea la face de l'Orient en constituant une grande unité gouvernementale, il contribua par ses conquêtes à ce haut degré de civilisation qu'atteignit la Grèce, en refoulant de l'Asie-Mineure en Europe, d'où ils étaient sortis, les colons qui y rapportèrent les arts qu'ils possédaient; l'on doit encore à Cyrus le premier établissement du service des postes, une des plus utiles inventions que l'on connaisse. Partout se manifestait à cette époque, comme à l'envi, une impulsion étonnante dans toutes les branches des connaissances humaines: Anaximandre découvrait les cartes géographiques et figurait la terre sur un globe; le marbre était employé à Athènes pour les statues; le chapiteau corinthien était imité par Callimaque ; les cadrans solaires devaient le jour à Anaximènes, de Milet ; les premières statues étaient érigées à Rome à Horatius Coclès ; le voluptueux Anacréon chantait sur sa lyre enchanteresse le plaisir, l'amour et le vin ; Pythagore, le plus grand génie de ce siècle, produisait le monocorde, ou table de multiplication, et pressentait le mouvement de la terre.

Pythagore étendit, par hypothèse, au tout, ce qui ne pouvait légitimement s'appliquer qu'à la partie ; après avoir analysé le nombre et en avoir saisi les rapports divers, il étendit au système du monde les lois que cette analyse lui avait révélées. Très versé dans les mathématiques, il avait remarqué que les vérités de cette science sont étroitement unies entr'elles et peuvent être des principes de connaissances et de classifications. Jetant ensuite les yeux sur le monde sensible, il observa que tous les objets sont soumis à la double condition du nombre et de l'étendue, et peuvent être appréciés numériquement. Il ordonna donc le système planétaire sur l'échelle musicale, parce que les tons de la voix ne sont que des nombres sonores. Le rapport des nombres devint pour lui non-seulement la clef du système musical et du système planétaire, mais celle de la physique particulière et de la morale. Tout devint pour lui proportion, harmonie : le temps, la justice, l'amitié, l'intelligence, ne furent que des rapports de nombre. Sauf ses erreurs systématiques, Pythagore fut un grand philosophe. Il admettait un Dieu unique, éthéré, qui avait tout créé par sa seule pensée ; il admettait des génies bienfaisans et lumineux qui habitaient les astres ; l'ame humaine était, selon lui, de la même nature, mais dans une condition inférieure. Les animaux, les plantes relevaient du même principe, et l'homme pouvait s'abaisser ou s'élever sur cette échelle d'êtres vivans : de là, le système de la métempsychose. Pythagore fut aussi musicien et poète ; ses vers dorés sont un chef-d'œuvre.

Nous serions coupables d'oublier ici Confucius, philosophe et législateur chinois, enseignant par ses préceptes et par ses exemples, une morale philanthropique. La religion de Confucius, observée dans la Chine depuis vingt-cinq siècles, « ne » promet (Laponneraye, *Diction. hist.*) ni peines, » ni récompenses éternelles ; mais elle a pour base » la morale la plus pure. Elle reconnaît un Être-» Suprême, le *Tien*, qui gouverne le ciel et la terre; » elle ordonne une entière obéissance aux lois, et » exhorte les enfans à avoir un respect illimité pour » leurs pères. »

Enfin, nous respirons : nous voilà débarrassés d'une chronologie tant soit peu obscure, et d'une foule d'événemens qui se croisent, se heurtent, s'entre-choquent, sans laisser au lecteur un seul moment pour réfléchir, sans fournir à l'historien un seul de ces tableaux gracieux sur lesquels l'imagination aime à se reposer, et qui le dédommagent de ses longues peines et de ses fastidieuses explorations dans les vieilles annales. Pour quelque temps nous n'aurons presque à nous occuper que de la Grèce et de Rome : de la Grèce au sommet de sa gloire ; de Rome grandissant au milieu des discordes civiles;

de Rome se préparant, par des scènes de dévastation et de carnage, à saisir le sceptre du monde. Si notre cadre nous le permettait, qu'il nous serait agréable de raconter en détail tout ce qui a rendu si remarquable ce qui suit!

Dans le 5me siècle avant J.-C., nous aurions à enregistrer une longue série de découvertes merveilleuses : les égoûts par Phœnix d'Agrigente ; l'art de la mémoire par le Grec Simonide ; la perspective appliquée aux décorations théâtrales par Agatharque ; le bélier, la tortue, machines de guerre, par Artémon Clazomène ; l'anatomie et la médecine dogmatique par Hippocrate ; la peinture sur cire et sur émail par Arcésilaüs de Paros, et un brillant cortége de faits plus éclatans les uns que les autres ; chez les Grecs : la guerre persique avec ses combats de Marathon, des Thermopyles, de Salamine, de Platée, de Mycale, d'Eurymédon ; la guerre persique entreprise par Darius, fils d'Hystaspe, dans le but de se rendre maître de la Grèce entière, d'après les instigations d'Hippias, tyran dépossédé d'Athènes, réfugié à la cour de ce prince ; cette guerre continuée, à la honte des Perses, par Xercès, successeur de Darius, et Mardonius, lieutenant de Xercès, dont les innombrables armées mordirent la poussière, et vinrent échouer contre l'invincible courage et l'indomptable ténacité de nations combattant pour ce qu'il y a de plus précieux, de plus vital, de plus sacré sur la terre, l'indépendance, la patrie, la liberté ; cette guerre terminée au profit de la justice et de l'humanité, après cinquante-un ans d'une lutte acharnée ;

cette guerre avec ses grands hommes ; Miltiade, le héros de Marathon, le libérateur de la Grèce, jeté et expirant dans les fers pour n'avoir pas été victorieux à Paros ; l'immortel Léonidas se faisant exterminer aux Thermopyles avec ses trois cents Spartiates, pour obéir aux *saintes lois* de la rigide Lacédémone ; le rusé Thémistocle ternissant les lauriers de Salamine par son immoralité et ses coupables manœuvres auprès des Perses, justement exilé à cause de cette action, réhabilitant un peu sa mémoire en terminant sa vie par le poison, pour ne pas être forcé de porter les armes contre sa patrie ; le juste, l'incorruptible Aristide, impitoyablement ostracisé (1) par la jalousie de ses concitoyens, à l'ingratitude desquels il pardonna toujours pour ne songer qu'à les servir ; le hautain Pausanias, souillant la réputation du vainqueur de Platée, en entretenant des intelligences criminelles avec Xercès, et mis à mort convaincu d'une si lâche trahison ; l'heureux Cimon, ce fils de Miltiade, modèle accompli des plus nobles qualités, ce vainqueur des Perses, ce pacificateur intelligent de la Grèce, mourant au sommet de sa gloire après avoir rétabli l'harmonie (elle fut de courte durée) entre Sparte et Athènes, après avoir imposé à Artaxercès-Longue-Main l'humiliant traité en vertu duquel la liberté fut assurée aux colonies grecques de l'Asie-Mineure, et l'entrée de la mer Égée interdite aux

---

(1) L'ostracisme, chez les Athéniens, était un jugement condamnant à l'exil ; il tirait son nom des écailles sur lesquelles chaque citoyen écrivait son suffrage.

vaisseaux perses ; la troisième et dernière guerre de Messénie, s'accomplissant au profit de la tyrannie spartiate, contrairement aux prétentions équitables des Messéniens réunis aux Ilotes dans l'intérêt de leur commun affranchissement, des Messéniens dont les malheureux débris se réfugièrent, partie en Lybie, partie en Sicile, où ils s'établirent dans la ville de Zancle qu'ils surnommèrent Messine en mémoire de leur patrie (1) ; le gouvernement usurpateur de Périclès, s'appuyant d'abord sur le peuple pour abaisser l'aristocratie, puis devenant son protecteur quand il n'eut plus besoin de l'élément démocratique : manége si ordinaire aux ambitieux et aux intrigans de tous les tems et de tous les pays ! la guerre du Péloponèse, divisant pendant l'espace de vingt-sept années, tous les peuples de la Grèce en deux partis distincts et ennemis, se rangeant sous les drapeaux de Sparte et d'Athènes ; cette guerre durant laquelle se firent connaître : du côté des Lacédémoniens, Callicratidas, Brasidas, et surtout Lysandre, auquel la victoire navale d'Ægos-Potamos ouvrit les portes d'Athènes, Lysandre dont l'ambition démesurée convoitait la couronne de Sparte, projet que sa mort l'empêcha peut-être de réaliser ; du côté des Athéniens, Périclès, Cléon, Nicias, et surtout Alcibiade, ce dissolu disciple de Socrate, avide d'éclat et de renommée, ce magnifique jeune homme joignant les avantages de l'esprit et du corps aux vices les plus détestables, ce géné-

---

(1) Ceux qui ne purent s'échapper, confondus avec les Ilotes, furent assimilés au même esclavage.

ral habile, défendant et trahissant alternativement sa patrie, selon qu'il en était bien ou mal récompensé, cet indomptable exilé expirant à la fin sous les dards des satellites de Lysandre, par la trahison de Pharnabaze ; cette guerre dans laquelle la démocratie athénienne aux prises avec l'oligarchie lacédémonienne, triomphant par la prise d'Athènes délivrée un an après par Thrasybule, dont le patriotisme parvint à chasser et à égorger les trente tyrans oppresseurs de sa patrie ; cette guerre désastreuse, source de malheurs pour la Grèce, ayant pour conséquence fatale de rompre son unité fomentée par la guerre persique, de la livrer plus tard, faible et désarmée, au joug macédonien ; enfin, la retraite des dix mille, un des plus beaux faits d'armes de l'antiquité, opérée à travers les états de Perse, après la mort de Cyrus-le-Jeune, disputant le trône à son frère Artaxercès, par cette poignée de Grecs, ses auxiliaires : chez les Romains, la retraite des plébéiens sur le Mont-Aventin, obtenant l'abolition des dettes et la nomination de tribuns, magistrats créés par le peuple et pour le peuple, avec le pouvoir de s'opposer aux décrets du sénat, dont la personne était inviolable et sacrée ; l'exil de Coriolan, irascible et fier patricien, implacable ennemi du peuple, condamné par lui au bannissement ; ayant, dans un esprit de vengeance, l'infamie de tourner ses armes contre sa patrie, en venant à la tête des Volsques mettre le siége devant Rome, qui ne dut son salut qu'aux supplications de sa mère Véturie, dont les larmes désarmèrent l'obstination de son fils ; l'abnégation des trois-cent-six Fabius luttant, pendant deux ans, contre les Véiens, surpris au milieu de l'enivrement de la victoire, scellant tous, jusqu'au dernier, leur dévouement à la cause de Rome par un glorieux trépas inscrit au nombre des jours néfastes ; le supplice du consul Cassius-Viscellinus, protecteur des intérêts populaires, précipité du haut de la roche tarpéïenne par la rage de l'aristocratie, l'accusant, pour le perdre, d'aspirer à la royauté ; le triomphe du rustique Cincinnatus, quittant sa charrue pour revêtir la pourpre dictatoriale et combattre les Èques, s'empressant de déposer ses insignes et de reprendre ses occupations champêtres aussitôt qu'il eut vaincu l'ennemi ; enfin, l'administration, dans le principe toute populaire, des décemvirs, chargés par leurs concitoyens de recueillir les lois de la Grèce, et de rédiger un nouveau code, des décemvirs auteurs de la loi des douze tables, usurpateurs de ce pouvoir despotique et souverain auquel les Romains posèrent des bornes, en exilant ces nouveaux magistrats, contre lesquels ils étaient irrités à cause de l'orgueil et de la partialité qu'ils mettaient dans l'exercice de leurs fonctions, et principalement à cause de la rudesse et de l'inflexibilité d'Appius-Claudius, un d'entr'eux, qui osait attenter à la pudeur et à l'innocence de Virginie, que son père immola pour la soustraire à sa lubricité.

Dans le 4me siècle avant J.-C., nous assisterions aux découvertes de la peinture encaustique par le feu, par Paunias ; des tapisseries, à Pergame, en Asie ; des premières expériences sur les cadavres humains, par Érasistrate ; des premiers cadrans, à Rome, par Papirius-Cursor ; de l'opération de la cataracte, par Hérophile ; et à l'érection de l'énorme colosse de Rhodes, une des sept merveilles du monde, œuvre de Charès de Lindes; nous assisterions, en Grèce, à l'agonie du vertueux Socrate, ce fils du sculpteur Sophronisque, contempteur des richesses et fier de sa pauvreté; ce caractère d'une patience exemplaire que rien ne pouvait altérer, pas même l'humeur acariâtre de sa femme Xantippe; ce philosophe aux spéculations généreuses et élevées, créateur de la véritable morale, en donnant pour base à la philosophie *la connaissance de soi-même*, c'est-à-dire *la conscience*, opérant une révolution radicale dans les idées en enseignant *l'existence d'un suprême ordonnateur de l'univers et de l'immortalité de l'ame ;* ce patriote d'une énergie peu commune, s'endormant paisiblement, comme au soir d'un beau jour, après avoir avalé la ciguë préparée par les calomnies des Mélitus, des Anitus et des Lycon, rétrogrades de l'époque, dont le supplice ou l'exil attestèrent bientôt après combien sont éphémères les triomphes du mensonge sur la vérité; aux guerres d'Agésilas, dans l'Asie-Mineure, d'Agésilas, un des plus grands rois de Sparte, quittant avec peine le théâtre de ses exploits pour venir au secours de sa patrie, qu'il sauva de la crise la plus dangereuse qu'elle eût jamais éprouvée; à la ligue formée par Thèbes, Corinthe, Argos, Athènes, etc., à la sollicitation secrète d'Artaxercès-Memnon, amenant, après les combats de Némée et de Gnide, dans lesquels les confédérés furent tour à tour vaincus et vainqueurs, la reconstruction des murs d'Athènes et l'affranchissement de la Grèce de l'injuste domination de Lacédémone ; à l'ignominieux traité d'Antalcidas, amiral lacédémonien, traînant une existence flétrie à la cour d'Artaxercès, d'où il fut chassé, puis abhorré de ses concitoyens, se laissant mourir de faim pour se préserver de la juridiction des éphores ; à ce traité à juste titre réprouvé par le vainqueur de Gnide (Conon, général d'Athènes), établissant la suprématie de la Perse sur la Grèce, par lequel les villes grecques de l'Asie, ainsi que les îles de Clazomène et de Chypre demeuraient soumises à Artaxercès ; à l'héroïque conspiration du bouillant et riche Pélopidas, arrachant Thèbes au joug laconien par le concours fortuit de circonstances heureuses servant à prouver que l'étoile populaire ne pâlit que temporairement, c'est-à-dire que tôt ou tard les nations ressaisissent leurs droits, se vengent de la perte de leur dignité outragée ou méconnue dans le sang de leurs oppresseurs ; aux batailles de Leuctres et de Mantinée, gagnées par les Thébains sur les Spartiates, grâce à la valeur de Pélopidas, et aux savantes combinaisons d'Épaminondas, duquel nous admirerions la modestie, la prudence, la gravité, la véracité, et au-dessus de toutes ces qualités, l'impassibilité touchante dont il fournit une preuve immortelle à ses derniers instans, en arrachant joyeusement de sa blessure le fer qui arrêtait son sang prêt à couler, aussitôt qu'il apprit que les Thébains étaient vainqueurs. De là, débarquant en Sicile, nous porterions nos regards sur Denys-l'Ancien, que l'abaissement de l'aristocratie syracusaine recommande encore plus que ses victoires contre les Carthaginois et les Grecs établis dans cette île ; sur la tyrannie de Denys-le-Jeune, son fils et son successeur, prince né avec le germe de toutes les belles qualités, mais devenant, par les flatteries des courtisans, injuste et cruel, culbuté du trône de Syracuse (1) par Thimoléon, général corinthien, dont les succès rendirent à l'aristocratie de Syracuse l'influence qu'elle avait perdue sous Denys Ier, et dont elle n'avait reconquis qu'une partie sous Denys II ; sur l'habileté d'Agatocle, de potier devenant soldat, et de soldat dictateur de Syracuse ; d'Agatocle, audacieux antagoniste de la puissance carthaginoise, parfois vaincu, mais jamais découragé, se relevant plus fort et plus terrible après une défaite, faisant payer cher à l'ennemi ses succès d'un moment ; ce redoutable vengeur de la démocratie dont il se proclamait le mandataire, faisant périr plusieurs milliers d'aristocrates, et ployant sous son sanglant niveau riches et pauvres, par un égal partage des terres entre tous les citoyens. Puis, arrivant dans la Macédoine, nous expliquerions comment l'astucieux Philippe, roi de ce pays, parvint à enchaîner la Grèce affaiblie par ses discordes intestines ; comment, peu scrupuleux sur le choix des expédiens, pourvu qu'il réussît, il employa un moyen corrupteur, la clef d'or, à

---

(1) Denys-le-Jeune se réfugia à Corinthe, où il exerça la profession de maître d'école pour gagner sa vie : exemple frappant de l'état précaire de toute royauté ! Nous avouerons qu'en le voyant ainsi résister aux coups du sort et se plier aux exigences d'une position très médiocre, nous avons senti s'élever en notre esprit des doutes sur la réalité de toutes les noirceurs que les anciens auteurs lui attribuent.

deux fins également détestables : à soudoyer des satellites, et à corrompre les premiers magistrats, ainsi que les plus éloquens orateurs de la Grèce abâtardie ; comment il prit Amphipolys, Méthone, Potydée, Pydna, Olynthe ; comment il envahit la Thessalie et vainquit les Phocidiens (1) dont il usurpa la place dans le conseil des amphyctions ; comment, après avoir semé la désunion entre Sparte et Athènes, il les dompta séparément ; comment il neutralisa, à la bataille de Chéronée, où la liberté grecque exhala son dernier soupir, l'éloquence impétueuse de l'entraînant Démosthènes, dont les vives et mordantes philippiques contrebalancèrent pendant long-tems la puissance du persécuteur macédonien, en réveillant en sursaut le peuple athénien du sommeil léthargique dans lequel il était plongé ; comment, élu par ses brigues généralissime des Grecs contre les Perses, il périt, dans le moment même qu'il allait recueillir les fruits de son ambition, assassiné (2) par Pausanias, jeune seigneur de sa cour à qui il avait refusé justice. Alors, atteignant le règne d'Alexandre, surnommé

---

(1) Les Phocidiens s'étaient emparés de quelques terres consacrées à Apollon, près de Delphes ; aussitôt les Grecs, infiniment superstitieux, crièrent au sacrilége ! On voulut exterminer *ces infames spoliateurs des revenus des prêtres*, et le roué Philippe, habile à saisir les moindres prétextes pour accroître son pouvoir, n'eut garde de manquer une occasion si favorable d'établir sa prépondérance dans la Grèce : il offrit sa coopération active contre les Phocidiens ; elle fut acceptée.

(2) Olympie, femme de Philippe et mère d'Alexandre, qu'il avait répudiée, fut complice du meurtrier, puisque, n'ayant pu réussir à le sauver, elle lui fit, après sa mort, de magnifiques funérailles ; Alexandre lui-même ne paraît pas étranger à la perpétration de ce crime ; au dire de Plutarque, il l'aurait conseillé à Pausanias.

Le Grand, nous dépeindrions le fils de Philippe préludant à ses conquêtes en Asie par ses victoires sur les peuples ses tributaires qui méprisaient sa jeunesse, et sur les Grecs qu'il comprima dans une seule campagne, par la démolition de Thèbes, dont le châtiment épouvanta la Grèce qui lui conféra le titre de commandant général de la guerre contre les Perses (1); nous le dépeindrions réunissant en ses mains, par une cohésion armée, les lambeaux, épars avant lui, de l'unité grecque ; écrasant, en trois batailles rangées remportées contre Darius-Codoman, la puissance flasque et dégénérée du royaume persique ; arrachant l'Asie à un abrutissant esclavage, en rétablissant dans certains endroits le règne de la démocratie ; en lui rapportant démesurément perfectionnés et rajeunis les trésors de cette civilisation qu'elle avait autrefois donnés à la Grèce ; nous le dépeindrions renouvelant la face du monde, en imprimant une impulsion large, solennelle, indéfinie à la force morale et intellectuelle, par ses gigantesques exploits dont le retentissement se répercuta d'échos en échos en Europe, en Asie et jusqu'en Afrique; nous le dépeindrions réussissant à reculer les bornes des connaissances humaines en se faisant suivre d'une compagnie de savans ; bâtissant un grand nombre de villes ; fondant une multitude de colonies ; sillonnant de routes les divers points des vastes

---

(1) Les Lacédémoniens eurent le courage de se montrer dignes de la liberté, en lui refusant seuls, de tous les peuples de la Grèce, le titre de généralissime.

possessions qu'il venait de conquérir; respectant les croyances des peuples vaincus ; opérant une véritable fusion entre les conquérans et les conquis, afin de donner de la consistance et de la stabilité à son nouvel empire ; nous le dépeindrions encore concevant le projet éminemment utile de s'embarquer sur le golfe Persique, et de revenir dans la Méditerranée après avoir fait le tour de l'Afrique, projet dont l'exécution eût hâté peut-être de deux mille ans la découverte du cap de Bonne-Espérance : mais nous voudrions savoir avant tout, par-dessus tout, si l'élève d'Aristote, si le soldat intrépide, si le général expérimenté, en pulvérisant des couronnes, et en parcourant des contrées lointaines, avait réellement la conscience de l'œuvre d'avenir et de régénération qu'il accomplissait; s'il avait réellement en vue de contribuer au bonheur de l'humanité ; et s'il n'en était point ainsi, et si ce génie colossal n'obéissait qu'à l'impulsion providentielle qui le forçait à travailler efficacement au profit de la sainte cause du progrès; s'il ne songeait à faire la guerre et à ensanglanter le globe que pour se faire un nom auprès de la postérité dans les récits poétiques d'un nouvel Homère qu'il aurait voulu trouver à tout prix; s'il forgeait à son insu ce vivifiant foyer dont les larges flots de lumière devaient se répandre partout pour éclairer les masses; oh! dans ce cas, sans lui refuser l'influence immense qu'il a exercée sur les destinées humanitaires, rabattant de beaucoup de la sincère admiration que nous arracheraient ses hautes conceptions, nous ne ferions pas chorus avec les auteurs qui ont élevé sur le pinacle cette figure colossale; oh! oui, nous attacherions alors au pilori de l'histoire celui dont la politique barbare vendit comme esclaves les trente mille Thébains, seuls restes échappés au sac de cette malheureuse cité; celui dont la froide cruauté livra Tyr aux débordemens d'une soldatesque effrénée, et fit crucifier deux mille Tyriens que ses soldats, plus humains que lui, avaient exceptés seuls du carnage de leurs concitoyens, tous passés au fil de l'épée, à la prise de cette ville; celui dont le ridicule amour-propre ne craignit pas de froisser la réputation de sa mère, les sentimens, la dignité *de ses sujets*, en se faisant passer pour le fils de Jupiter, en se faisant adorer comme un Dieu; celui dont l'amère dérision, injurieuse pour son armée, construisit deux villes, l'une en l'honneur de son cheval Bucéphale, l'autre en l'honneur de son chien Périte, auxquelles il donna le nom de ces deux animaux. Eh! ne mériterait-il pas d'être voué à l'exécration, à l'infamie, le meurtrier de Callisthène, de Parménion, de Philotas et d'une infinité d'autres desquels il oublia ou méconnut les services; l'assassin de Clytus, à qui il devait la vie; le brûleur ivre de la riche Persépolis, qu'il incendia lui-même par pure fantaisie, au sortir d'un festin; le despote brutal, passant les dernières années de sa courte existence plongé dans la débauche, la crapule, l'ivrognerie, au milieu d'effroyables orgies qui abrégèrent ses jours et le conduisirent au tombeau? Enfin, de retour à Rome, nous passerions en revue les succès militaires de Camille, auquel la prise de Véies et la délivrance de Rome assiégée par les Gaulois, ses talens, son exil, assurent une place si distinguée; la fin tragique de Manlius-Capitolinus, ce sauveur du Capitole qu'il avait préservé d'une surprise par les Gaulois, précipité du haut de la roche tarpéïenne, victime de la noire ingratitude de la classe plébéienne des droits de laquelle il s'était montré constamment le défenseur; et la guerre Samnite dans laquelle le romain Papirius vengea l'affront des Fourches-Caudines (1) par la défaite de l'armée samnite, et par la destruction totale de Samnium.

En racontant des scènes si dramatiques, combien serait grand l'enthousiasme de l'écrivain! par quelles vives images, par quelle fraîcheur de coloris se refléteraient dans son style les sensations ardentes qu'il éprouverait! et, d'un autre côté, que d'attraits pour le lecteur dont l'attention aurait besoin de se reposer, après la lecture ennuyeuse à laquelle nous l'avons astreint jusqu'à présent! Pour nous, condamnés à une froide et sèche analyse, nous allons suivre la marche du progrès dans les 5me et 4me siècles avant J.-C., appelés les siècles de Périclès et d'Alexandre, parce que ces deux hommes y jouèrent le rôle le plus important. Et, dès l'abord, une réflexion consolante s'empare de notre esprit: il n'est presque pas d'événement, quelque rétrograde qu'en ait été en apparence le but, qui n'ait contribué à activer la marche de l'humanité. Chaque génération apporte son assise à l'édifice social;

---

(1) Les Romains s'étant laissé renfermer, auprès de Caudium, dans une gorge de montagnes d'où il leur était impossible de se dégager, furent obligés de passer désarmés sous le joug : ce pas est connu sous le nom de *Fourches-Caudines*.

chacune fournit son contingent pour être remplacée par une autre génération profitant de ses découvertes, les perfectionnant et les transmettant à son tour à celle qui lui succède, ainsi de suite. Dans le cours de cet ouvrage, nous aurons souvent occasion de nous convaincre de la vérité de cette assertion.

La Grèce, morcelée en une infinité de petits états divisés d'intérêts, et combattant sans cesse les uns contre les autres, ne pouvait rien entreprendre de grand; survient la guerre persique : pour vaincre, le besoin d'une organisation forte, une, est généralement senti; une confédération générale se forme, et la puissance des Perses vaincue reçoit la paix à de dures conditions, et l'activité grecque, surexcitée par les nécessités inséparables de l'état de guerre, prend un essor prodigieux. Marine, agriculture, sciences, arts, tout est en haleine pour parer aux besoins de cette situation. Progrès!

Athènes et Sparte avaient aussi l'influence suprême durant la guerre persique; quand elle est terminée, ces deux cités rivales de gloire se brouillent; la guerre éclate entr'elles; Athènes succombe, et Sparte domine tyranniquement sur la Grèce jusqu'à ce que Thèbes lui arrache violemment un sceptre usurpé. Mais que résulte-t-il de ces luttes fâcheuses? Ces trois états deviennent les centres de l'activité hellénique; tous les autres se groupent autour d'eux, et l'unité s'établit de plus en plus. Progrès!

« Les Dieux, dit Benjamin-Constant, s'étaient
» multipliés à l'infini, par les personnifications et

» les allégories ; de là, une confusion étrange dans » les doctrines, les fables et les pratiques. » Socrate paraît ; il s'inscrit en faux contre une religion absurde, immorale ; il foudroie, par la hardiesse de ses pensées, le vieil édifice du polythéisme ; il meurt victime de son zèle ; mais il a ébranlé le culte des faux Dieux : dès lors se fait jour la doctrine d'*un Dieu unique ;* cette doctrine acquiert de nombreux adeptes ; plus tard elle régénérera le monde, et le paganisme sera détruit. Progrès !

Artaxercès, par le traité d'Antalcides, avait établi la prédominance de la Perse sur la Grèce ; ses largesses corruptrices lui assurent l'appui de certains gouvernans de ce dernier pays : de là, fermentation sourde contre des abus iniques, flagrans ; de là, dissolution interne préparant à une révolution plus radicale ; à recevoir les avantages d'une direction uniforme, constante, vigoureuse. Philippe de Macédoine se montre : c'est l'homme nécessaire ; il comprime les germes de dissolution, en assujettissant la Grèce à ses lois ; la décadence de fédérations sans règles certaines est manifeste ; il en forme un tout homogène, et il commence cet œuvre de centralisation dont plus tard on goûtera les fruits. Progrès !

Cyrus avait emporté dans la tombe les secrets de cette politique ferme, rapide, vivifiante, au moyen de laquelle on imprime de la fixité et de la splendeur aux empires ; la civilisation asiatique, pâle et mourante, semblait vouloir opposer des barrières aux élans de l'intelligence : les Perses, efféminés, mous et lâches, étaient incapables d'arrêter cette décadence inévitable ; il fallait un nouveau Cyrus, et il fallait qu'il fût à la tête d'une nation dans toute sa sève, dans toute son énergie : eh bien! cette sublime capacité ne fera pas défaut ; ce peuple jeune et vigoureux ne se fera pas longtems attendre ; Alexandre est là avec ses Macédoniens ; il surgit au moment même où il est essentiel qu'il surgisse, et la centralisation acquiert une perfection jusqu'alors inconnue, et des torrens d'une lumière civilisatrice inondent la terre ; et le débordement des peuples arriérés est arrêté ; et Rome en profite pour accomplir la tâche de régénération qui lui est dévolue. Progrès !

Si nous poursuivions la question sous ce point de vue jusqu'à ses dernières conséquences ; si nous avions à cœur de constater l'état de l'agriculture, de l'industrie commerciale et agricole, de l'éducation, des belles-lettres, des sciences et des arts, de tout, enfin, à cette époque, nous n'en finirions pas et à chaque ligne nous serions obligés d'écrire : progrès ! progrès ! toujours progrès ! Pour qu'on s'en assure, il nous suffira d'inscrire ici la nomenclature des principales illustrations savantes et scientifiques des siècles de Périclès et d'Alexandre, et nous compterons : dans l'histoire, Hérodote, Thucydide, Crisias, Xénophon ; dans l'éloquence, Périclès, Démosthènes, Eschine, Lysias, Isocrate, Demade ; dans la philosophie, Anaxagore, Socrate, Platon (1), Aristote, Xénocrate, Diogène,

---

(1) Nous dirons un mot sur Platon. Platon, le divin Platon, imbu des principes d'une saine philosophie, admettant l'homme créé

Épicure, Aristippe, Héraclite; dans la médecine, Hippocrate; dans l'astronomie, Méton, Callippe de Cyzique; dans la poésie lyrique, Pindare, Corinne; dans la tragédie, Eschyle, Sophocle, Euripide; dans la peinture, Zeuxis, Apelles, Protogène, Apollodore, Pharrasius; dans la sculpture, Phydias, Praxitèle, Polyclète, Lysippe, Protogène; dans l'architecture, Callimaque de Corinthe; dans la musique, Phorynis de Lesbos, Thimothée de Milet, etc., etc.

Alexandre mort, *laissant la couronne au plus digne* (1), ses généraux se partagèrent son empire, et l'administrèrent d'abord en qualité de gouverneurs; ils érigèrent un fantôme de royauté dans la personne de l'imbécille Arrhidée, frère d'Alexandre-le-Grand, et dans celle de son fils, Alexandre Aigus, jeune enfant au berceau, faibles roseaux qu'ils plantèrent pour gagner du tems, et qu'ils rompirent (2) aisément quand ils jugèrent le moment propice. De ce moment, ce ne fut entr'eux que guerres, ligues, meurtres, perfidies, misères; et les trois parties du monde alors connu, l'Asie, l'Europe et l'Afrique, furent ensanglantées pour

---

pour la liberté, et, comme Socrate son maître, *un Dieu unique*, est l'inventeur du système constitutionnel, qu'il regardait comme impossible dans l'application; car, disait-il, *ou le prince dominera les pouvoirs nationaux, et ce sera le despotisme; ou ces pouvoirs déborderont la royauté, et ce sera la démocratie*: ainsi, cette forme gouvernementale tant vantée aujourd'hui, était réprouvée par celui-là même qui la mit au jour.

(1) Expressions d'Alexandre à son lit de mort.
(2) Toute la famille d'Alexandre, sa mère, ses enfans, ses femmes, son frère et ses sœurs, furent impitoyablement égorgés par l'ambition de ceux qui se disputaient son immense succession.

satisfaire aux besoins dévorans d'une cupidité désordonnée ; enfin, après la mort de Perdiccas, assassiné en Égypte par ses propres officiers ; après celle d'Antipater, successeur de Perdiccas à la régence ; après la bataille d'Hipsus, dans laquelle Antigone perdit la vie (l'an 301 avant J.-C.), l'empire d'Alexandre fut divisé en quatre royaumes :

1° Ptolémée-Soter, fils de Lagus, eut l'Egypte, la Lybie, l'Arabie, la Sélé-Syrie et la Palestine : il fut le fondateur de la dynastie des Lagides.

2° Cassandre eut la Macédoine et la Grèce.

3° Lysimaque eut la Thrace, la Bithynie, quelques provinces au-delà de l'Hellespont et le Bosphore. A la mort de ce prince, ce royaume fut démembré, et ses provinces furent annexées partie à la Macédoine, partie à la Syrie : le surplus forma dans la suite le royaume de Pergame.

4° Séleucus eut le reste de l'Asie ; il fut le fondateur du royaume de Syrie, des provinces duquel se formèrent ensuite ceux de la Bactriane, des Parthes, d'Arménie et de Comagène.

Pendant que ces choses se passaient, les Grecs, enflammés par l'éloquence de Démosthènes et d'Hypéride, avaient couru aux armes pour regagner leur liberté. Vaincus par Antipater à Cranon, Démosthènes, afin de ne pas tomber vivant entre ses mains, avala du poison dans le temple de Neptune, à Calaurie, où il s'était réfugié ; Hypéride, moins heureux que lui, fut pris et conduit au vainqueur. Mis à la torture pour qu'il révélât les projets secrets des Athéniens, il se déchira la langue, afin que la rigueur des tourmens ne vainquît pas son courage : de tout tems la liberté a eu ses héros, ses martyrs ! A la suite de cette guerre, nommée guerre lamiaque, de la ville de Lamia en Thessalie, auprès de laquelle de sanglans combats furent livrés, la démocratie fut abolie à Athènes. Les rois de Macédoine établirent, avec des gouverneurs de leur choix, des garnisons dans la plupart des villes de la Grèce, à l'exception de celles des Lacédémoniens, des Arcadiens et des Étoliens.

C'est par ces vicissitudes que se termina le 4me siècle avant J.-C. Alors la Grèce entre en pleine décadence. Après la mort d'Alexandre, la centralisation est détruite ; la désunion et les intérêts privés règnent à sa place ; mais le progrès, rétrogradant sur un point, ne tardera pas à se faire jour sur un autre ; il ne ralentira pas un seul instant sa marche ; si la Grèce et l'Asie s'endorment profondément, perdent même le souvenir de leurs hautes destinées, Rome va commencer son rôle. « Elle renferme » (pour nous servir des expressions de M. Michelet) » dans ses murs les deux cités, les deux races » étrusque et sabine, sacerdotale et héroïque, » orientale et occidentale, patricienne et plébéienne, » la propriété foncière et la propriété mobilière, la » stabilité et les progrès, la nature et la liberté : » c'est à elle de régner maintenant. »

Avant de nous attacher exclusivement à ce dernier sujet, il nous semble essentiel de déblayer le terrain de quelques événemens du 3me siècle avant J.-C. : par ce moyen, nos développemens seront moins gênés, et nous pourrons à notre aise discourir sur les phénomènes de cette grandeur inusitée.

La Macédoine était en proie à des troubles continuels. Les Grecs utilisèrent cette occasion pour briser leurs fers. La ligue achéenne s'était désorganisée. Elle se reforma (284 ans avant J.-C.) : palliatif impuissant pour arrêter la décroissance de la terre classique des beaux-arts! Quelques noms, faibles lueurs qu'on aperçoit au sein d'une nuit profonde, lui donnent encore un certain lustre : Aratus, Agis, Cléomène, Philopœmen, semblent protester en vain contre l'arrêt qui la condamne à dégénérer; ils sont le dernier produit d'une liberté expirante : il faut que la Grèce soit asservie; elle attend un maître, et ce maître sera Rome.

Vers ces tems eurent lieu plusieurs irruptions des Gaulois en Illyrie, en Macédoine et en Grèce. Ils annonçaient déjà des idées dégagées de superstition et supérieures à l'esprit de leur siècle : ils pillèrent le temple de Delphes, sous la conduite de Brennus. Ils furent repoussés et taillés en pièces, ce qu'on doit attribuer, non à un manque de courage (ils étaient excessivement braves), mais à leur peu de connaissances dans la tactique militaire.

A Ptolémée-Soter, protecteur des lettres, à qui l'on doit l'établissement à Alexandrie d'un musée, où il avait réuni des savans chargés d'explorer toutes les sciences, de la fameuse bibliothèque d'Alexandrie, et la construction, dans l'île de Paros, d'une tour en marbre blanc au haut de laquelle il avait placé un fanal pour éclairer les navigateurs, succéda sur le trône d'Egypte (l'an 283 avant J.-C.) un prince non moins éclairé, Ptolémée-Philadelphes. Celui-ci fit fleurir les arts et le commerce; c'est à ses encouragemens qu'est attribuée la version des Septante, c'est-à-dire la traduction des livres sacrés des Hébreux en grec moderne par soixante-et-dix rabbins. Il fut, de plus, le fondateur de la ville de Bérénice, qu'il fit construire sur les côtes occidentales de la Mer-Rouge, en l'honneur de sa mère.

Sous Ptolémée-Évergète, son fils, qui s'empara de la Syrie sur Antiochus-Théos, ainsi que de la Judée, parce qu'elle refusait de lui payer le tribut d'usage, la constellation des sept étoiles, près de la queue du *lion*, reçut, par la vile flatterie de l'astronome Conon, le nom de Bérénice (1) qu'elle conserve encore aujourd'hui.

L'an 256 avant J.-C., Arsace, chef d'une dynastie qui, dans la suite, subjugua toute l'Asie, fut le fondateur du royaume des Parthes (2), peuple asiatique, originaire de la Scythie, qu'Alexandre avait assujetti sous sa dépendance.

Cependant Rome, toujours agitée par les divisions des plébéïens (3) et des patriciens, n'en

---

(1) Bérénice, sœur et épouse de Ptolémée-Évergète, avait fait vœu de consacrer à Vénus sa chevelure, si son mari revenait vainqueur d'une expédition qu'il avait entreprise ; le fait s'étant accompli selon ses désirs, elle la déposa dans le temple de cette déesse: Quelque tems après, la chevelure ayant disparu, Conon s'écria que Jupiter l'avait enlevée pour la placer parmi les astres : on le crut, ou bien on fit semblant de le croire ; il s'agissait d'une reine, et il eût été dangereux de montrer des doutes. Bassesse de courtisan ! Que de prétendus prodiges très accrédités ont une origine aussi suspecte !

(2) Les Parthes étaient très habiles à tirer de l'arc, même en fuyant ; ils rendaient à leurs rois des honneurs divins ; ils n'en approchaient qu'en tremblant et le visage prosterné contre terre. Pauvre humanité ! comme de tout tems une poignée de lâches despotes t'a ravalée !

(3) Les Plébéiens avaient encore conquis le droit de fournir à la république des consuls et des dictateurs, aussi bien que les patri-

avait pas moins augmenté sa puissance. Trop faible encore pour lutter contre toutes les nations de l'Italie réunies, elle avait eu soin, par une politique déloyale, de semer la discorde entr'elles, ou bien de profiter de leurs différens, pour les vaincre séparément et s'emparer de leurs villes et de leurs territoires. Elle avait dompté, après les Samnites, les Èques, et après les Èques, une ligue de Samnites, des Étrusques, des Ombriens, soutenus des Gaulois-Sénonais et des Tarentins, ceux-ci, à leur tour, secourus (vers l'an 280 avant J.-C.) par Pyrrhus, roi d'Épire, le meilleur capitaine de son siècle (1). Alors l'Italie entière, à l'exception de ce qu'on appelait la Gaule-Cisalpine, étant devenue sa sujette, elle avait cherché au dehors des élémens à sa dévorante activité; alors aussi survinrent ses contestations avec Carthage.

Avant d'entamer le chapitre des guerres puniques,

---

ciens, à qui seuls étaient dévolues antérieurement ces dignités. Que ne faisaient-ils table rase des priviléges; c'est-à-dire que n'abolissaient-ils tout-à-coup la distinction et la hiérarchie des castes?..... L'exemple du passé n'apprendra-t-il pas que là seulement où règne la plus parfaite égalité, là est possible la fin des agitations populaires!

(1.) Pyrrhus se faisait un jeu de dévaster la terre; rien n'était capable d'assouvir son insatiable ambition. Aspirant à la conquête de l'Occident, il fut charmé d'accorder l'appui de ses armes à la ville de Tarente qui le réclamait; mais il échoua en Italie à deux reprises contre l'incorruptibilité de Fabricius et la discipline des Romains. Déçu dans son espoir, il entreprit et opéra la conquête de la Macédoine, dont il fut proclamé roi pour la seconde fois (l'an 274 avant J.-C.) Ne pouvant se résoudre à goûter le repos et dévoré de la fièvre des batailles, il voulut quelque tems après occuper Argos. Pendant qu'il assiégeait cette ville, il périt sans gloire, des mains d'une femme, tué par une tuile que celle-ci lança du haut d'un toit sur la tête du roi d'Epire qu'elle voyait sur le point d'immoler son fils : juste punition réservée à des exploits insensés!

que nous nous proposons, du reste, de retracer très superficiellement, il ne sera pas inutile, et en cela nous croyons faire plaisir à nos lecteurs, de leur fournir quelques renseignemens sur la religion, le gouvernement, la législation, les mœurs, les usages, etc., de la république carthaginoise : parce qu'il entre dans notre plan de donner le plus de place qu'il nous sera possible aux aperçus sur les institutions des peuples dont les destinées ont eu quelque influence sur la marche de l'humanité.

Les Carthaginois avaient emprunté aux Phéniciens la plupart de leurs lois, leur langage véritable dérivé de la langue hébraïque, et leur religion, culte de toutes les divinités adorées dans la Grèce et dans Rome, dont ils avaient défiguré la pratique, par l'adoration accessoire de la lune et du dieu Moloch, auxquels ils offraient en sacrifice conjuratoire ou expiatoire des victimes humaines, spécialement des jeunes enfans. Cette coutume horrible leur venait encore de Tyr : dans les cas de peste, d'incendie, de guerre affligeante, dans tous les malheurs publics, le sang humain ruisselait sur les autels de ces dieux infernaux; les corps de plusieurs centaines de captifs alimentaient les flammes sacriléges de bûchers dévorans; souvent même les chairs palpitantes de concitoyens honorables, purifiées dans les orgies d'un holocauste impie, durent *délicieusement* flatter l'odorat de leurs prêtres, bourreaux sacrificateurs.

Les Carthaginois, peuple exclusivement mercantile, négligeaient les lettres, les sciences, les arts, l'acquisition de toutes les connaissances utiles à la culture de l'esprit, pour se livrer à des spéculations commerciales : ils échangeaient, les unes contre les autres, les productions de tous les pays, le fer, le cuivre, le plomb des côtes occidentales de l'Europe contre les riches étoffes et les tapis somptueux de Tyr, contre les aromates et les parfums de l'Arabie. Le négoce les avait prodigieusement enrichis ; mais, par contre, il avait imprimé à leurs relations habituelles, à leurs transactions publiques et privées, à leurs opinions même, un caractère désolant de mauvaise foi insigne, de finesse astucieuse, de perfidie sordide. Leurs mœurs se ressentaient tellement de leur soif du lucre, qu'ils dégénérèrent promptement en une population exceptionnelle, d'une fourberie proverbiale.

Le gouvernement de Carthage comprenait primitivement trois pouvoirs, auxquels, plus tard, un quatrième fut ajouté : les suffètes, deux magistrats suprêmes, exerçant la puissance exécutive, avec des attributions comparatives à celles des consuls romains ; le sénat, corporation aristocratique, composée d'un nombre indéfini de membres appartenant exclusivement à la classe riche et noble ; le peuple, c'est-à-dire tout le monde, moins les ouvriers, les artisans, les agriculteurs, les travailleurs, moins les esclaves, cette accusation des sociétés antiques ; enfin le tribunal des Cent, institué pour examiner la conduite des généraux forcés de comparaître à sa barre afin de rendre compte de leur gestion.

Nous ferons volontiers remarquer ici que l'aristocratie d'argent et l'aristocratie de naissance, sources de tant de malheurs chez les peuples modernes, exercèrent une action désastreuse à Carthage. Effectivement, on y découvre une classe assez semblable à notre bourgeoisie, en possession d'une certaine aisance et de certains priviléges; c'était le peuple subordonné aux grands héritiers de pères illustres et puissans, aux riches parvenus, heureux jouisseurs de fortunes colossales. Une suprématie odieuse, une inégalité choquante, l'opposition d'intérêts discordans entre deux castes rivales, eussent infailliblement engendré des jalousies, des haines, des collisions qu'on ne vit pas éclater pendant l'espace de cinq siècles d'une tranquillité intérieure complète, sans les guerres continuelles de cette république avec les peuples du voisinage, sans le soin de ses nombreux débouchés commerciaux, sans l'émigration de la surabondance de sa population qu'elle colonisait au dehors : ainsi donc, la guerre et le commerce moissonnaient ou absorbaient la partie virile et active de la nation, tandis que les colonies avalaient une autre partie, c'est-à-dire celle dont les goûts excentriques, celle dont les devoirs publics n'avaient pu prendre leurs parts dans les périls des batailles ou dans les roueries du négoce; mais une fois que les Carthaginois eurent conquis et occupé solidement toute l'Afrique septentrionale, l'Espagne, les îles Baléares, la Sardaigne, une partie de la Sicile, etc., une fois qu'ils eurent réalisé d'immenses bénéfices commerciaux et des richesses miraculeuses, une fois qu'il ne leur resta plus à coloniser que des terres arides, insalubres, infécondes ; une fois enfin que les alimens d'une dévorante activité venant à leur manquer, ils eurent le loisir de songer à leurs rivalités domestiques, les vices de cette organisation sociale anti-égalitaire ne tardèrent point à se révéler; l'exubérance d'une ardeur inquiète se répandit au dedans, et des troubles sérieux éclatèrent. Le besoin de neutraliser l'influence des grands et du sénat, influence excessive, incessamment envahissante, de plus en plus contestée, fit songer à la création du tribunal des Cent, obstacle insuffisant pour arrêter la république sur le bord du précipice ! Ce tribunal, loin d'opposer des digues à la corruption, se laissa dériver vers un despotisme illimité, outrageant, tyrannique contre le peuple, dont les murmures et les soulèvemens fréquemment répétés auraient dû lui apprendre à respecter des droits sacrés, des droits imprescriptibles, des droits inutilement réclamés, toujours éludés au moyen de la tactique adroite des riches semant traîtreusement la désunion et l'avilissement dans les rangs populaires avec un or corrupteur répandu à pleines mains. Carthage, en proie à une infinité de factions perturbatrices, devint dès-lors un foyer de cabales, d'intrigues, d'usurpations dégoûtantes ; les trafics les plus orduriers se produisirent au grand jour ; la vénalité des charges engendra la vénalité des consciences ; la moralité publique fut pervertie, tout fut coté au taux de l'infamie, tout fut prostitué, grâce à une société sans pudeur, conférant et graduant tous les emplois, non pas selon les mérites du talent et de la vertu, mais selon les priviléges d'une fortune ordinairement mal acquise, ou ceux d'une naissance nobiliaire, fruit d'un hasard aveugle.

La constitution militaire des Carthaginois ne valait guère mieux que leur constitution civile et politique. Le recrutement de leur armée s'opérait au moyen des citoyens de la république, de soldats fournis par des rois alliés et tributaires, de troupes gagées s'empressant de venir des pays circonvoisins proposer des services chèrement rétribués : les îles Baléares, pépinière de frondeurs adroits ; la Numidie, célèbre par sa cavalerie légère, hardie, impétueuse au-dessus de toute expression; la Gaule, patrie de soldats d'un courage éprouvé ; l'Espagne, dont l'infanterie tenace, semblable à un roc, ne se laissait jamais ébranler; tous ces pays leur composaient une armée des meilleures du monde, et c'est ce qui explique comment les Carthaginois réparaient facilement leurs pertes : comment une armée presque détruite dans une campagne, reparaissait plus nombreuse, plus aguerrie, plus redoutable dans la campagne suivante. Ce peuple vil, poltron, rampant dans l'adversité, crucifiait ses propres généraux, quand ils revenaient vaincus ; inhumain, insolent, sans générosité dans les succès, il massacrait les généraux ennemis tombés entre ses mains ; inintelligent, égoïste, poltron, il confiait à des mercenaires l'honneur de défendre les intérêts du pays, se dispensant, moyennant finance, d'une dette aussi sacrée, se préparant à la longue une chûte d'autant plus lourde, qu'elle était plus méritée. Certes, les Romains, citoyens plus prévoyans, se seraient bien gardés d'en agir ainsi ; si l'on eût pu s'exempter, en payant, des charges publiques, ils n'auraient pas payé pour se dispenser du service militaire, eux pour qui la tâche de défenseur armé de la patrie était la plus belle, la plus glorieuse, la plus sublime que des hommes libres pussent ambitionner, eux si jaloux d'exclure de leurs légions les étrangers et les esclaves durant les siècles de leur splendeur, eux si intrépides à payer de leurs personnes pour garantir leurs foyers des agressions de l'ennemi. Aussi, comme en dernière analyse, la victoire demeure toujours au désintéressement, au dévouement, au patriotisme, ils finirent par écraser leurs adversaires.

Carthage et Rome vivaient en paix, et un traité d'alliance cimentait des relations amicales qui n'avaient jamais été altérées, quand les Mamertins, peuple de l'Italie, en hostilité avec les Carthaginois et les Syracusains, appelant les Romains à leur secours, servirent de prétexte aux trois plus terribles guerres qu'on eût vues jusqu'alors ; guerres non pas seulement d'agrandissement, mais d'extermination, dans lesquelles il s'agissait de savoir celle de ces deux républiques, rivales de gloire et de puissance, qui par son anéantissement, laisserait à l'autre l'empire du monde. On les appela guerres puniques, du latin *pœni*, qui veut dire *Phénicien*, à cause de la Phénicie, d'où les Carthaginois tiraient leur origine.

La première dura vingt-trois ans (de 264 à 241 ans avant J.-C.). Après une infinité de combats, tant sur terre que sur mer, dans lesquels on remarqua comme chefs : du côté des Romains, Appius-Claudius, Régulus (1) et Lutatius ; du côté des Carthaginois, Amilcar-Barcas et Xantippe de Lacédémone, elle se termina au désavantage de Carthage par un traité de paix astreignant celle-ci à évacuer la Sicile et toutes les îles situées près de l'Italie, à payer à Rome trois mille deux cents talens euboïques d'argent.

La seconde embrasse un espace de dix-sept ans (de 216 à 202 ans avant J.-C.). Le siége de Sagonte, cité d'Espagne alliée de Rome, dont les habitans préférèrent s'ensevelir sous les ruines de leur ville plutôt que de se rendre, en fut le motif. Les Romains y virent une véritable infraction à la paix, et ils ne se trompaient pas. Elle fut remarquable par les talens des généraux à qui la direction en fut confiée de part et d'autre : chez les Romains, les Quintus-Fabius et les Scipion (2) ; chez les Carthaginois, les Annibal (3), les Annon et les

---

(1) Tout le monde connaît l'abnégation patriotique de Régulus. Pris en Afrique, et envoyé à Rome par les Carthaginois pour proposer un échange de prisonniers entre les deux peuples, il opina dans le sénat contrairement à cette proposition ; ensuite il revint se constituer prisonnier à Carthage, où, loin d'admirer cette action comme elle le méritait, on le fit mourir au milieu des plus affreux tourmens... Horreur !

(2) Scipion, surnommé l'*Africain*, à cause de ses victoires en Afrique, rétablit entièrement les affaires de Rome par la défaite d'Annibal, près de Zama, défaite qui réduisit Carthage à implorer la paix.

(3) Annibal, général vaillant et expérimenté, terrible et implacable ennemi de Rome qu'il mit aux abois par la victoire de Cannes, remportée sur le présomptueux Varron, et qu'il aurait prise infailliblement, s'il eût su mettre à profit ses succès en marchant immédiatement sur cette ville alors sans défense et dans la stupeur. Ayant cantonné son armée à Capoue, elle se laissa amollir par les délices de la Campanie ; quand elle rentra en campagne, elle fut peu-à-peu décimée, harrassée par les habiles manœuvres du dictateur romain,

Asdrubal. Rome, réduite à deux doigts de sa perte, se releva, grâce à l'expérience de Fabius et aux succès inespérés de Scipion ; Carthage consentit aux conditions les plus dures et les plus humiliantes : aveugle qui ne s'apercevait pas qu'elle conservait une existence nominale et précaire, toujours à la merci de l'ennemi, en condescendant à rendre les possessions de Massinissa, roi de Numidie ; à livrer ses éléphans et tous ses vaisseaux de guerre, à l'exception seulement de dix ; à payer aux Romains près de trente millions de francs ; à remettre sans rançon les prisonniers et déserteurs ; enfin, à ne pouvoir envoyer des ambassadeurs ni entretenir aucune alliance, à ne pouvoir faire la guerre ni aucun armement, sans l'aveu et le consentement du sénat de Rome.

La troisième et dernière guerre punique dura environ quatre ans, et la destruction de Carthage, (an 146 avant J.-C.) put seule y poser des bornes. Rome, malgré l'heureux succès de ses armes, appréhendait encore qu'elle ne se relevât de son

---

Quintus-Fabius, qui prouva qu'il était possible de vaincre Annibal par un sage système de temporisation. Sur ces entrefaites, Annibal, rappelé en Afrique pour s'opposer aux progrès de Scipion dont la redoutable armée inspirait à Carthage des craintes pour sa sûreté, quitta en pleurant l'Italie, théâtre de ses exploits, pour voler au secours de sa patrie. Battu par son heureux rival, il conseilla à ses concitoyens de solliciter la paix, et prévoyant qu'il ne pouvait rester en pleine sécurité à Carthage, où de puissans ennemis cherchaient à le perdre en lui imputant le mauvais résultat de la guerre, il se réfugia d'abord en Asie, chez le roi Antiochus, de là en Crète, puis en Bythinie, auprès de Prusias. Poursuivi partout par la haine des Romains, et se voyant sur le point d'être livré entre leurs mains par la perfidie de son hôte, violateur des droits sacrés de l'hospitalité, il prit du poison, trop grand pour se résoudre à orner par sa présence et sa captivité les solennités triomphales des vainqueurs.

humiliation et ne reprît sa splendeur. Caton-l'Ancien faisait de sa ruine intégrale le sujet de tous ses discours qu'il ne manquait jamais de terminer par ces mots sacramentels : *il faut détruire Carthage.* Ainsi, depuis long-tems sa perte était résolue; il n'était plus question que de trouver un prétexte pour sauver les apparences (or, on sait que les gouvernemens sont rarement embarrassés sur ce point, et alors on ne l'était pas plus qu'aujourd'hui); les démêlés des Carthaginois avec Massinissa en fournirent un assez spécieux. Le consul Censorinus débarqua en Afrique à la tête d'une armée romaine; Carthage implora vainement la paix; on fit la sourde oreille : *le peuple romain aurait la magnanimité d'oublier ses justes griefs, si les Carthaginois évacuaient Carthage, et allaient s'établir à quatre-vingts stades au moins dans l'intérieur des terres* (1) : plutôt périr tous jusqu'au dernier, que de consentir à une pareille dégradation, telle fut leur réponse; et le désespoir leur donna des forces, et la force leur communiqua une intelligence surnaturelle, et cette intelligence leur procura des ressources imprévues pour soutenir une lutte acharnée, inégale; et opposant une énergie vraiment miraculeuse, aux attaques des assiégeans, ils résistèrent long-tems à des assauts réitérés; à la fin ils succombèrent, parce qu'il fallait que le nombre et la force l'emportassent sur une poignée de braves et sur la faiblesse. Ils se rendirent à Scipion-Émilien, fils adoptif de l'illustre

---

(1) Paroles de Censorinus.

Scipion, à cause de ce dernier fait surnommé comme lui l'Africain, au nombre de 50,000 (hommes, femmes, enfans, tout compris), tristes débris d'une population considérable : la presque totalité de la population virile avait trouvé la mort, au milieu de cette héroïque résistance, par le fer ou la famine. En cet instant, Rome exerça sans contestation une tyrannique prépondérance sur tous les peuples : l'Afrique entière devint une province romaine ou sa vassale, et comme si elle voulait donner aux siècles futurs un exemple mémorable de la barbarie de sa politique aristocratique, elle ne se contenta pas de raser les édifices et les maisons de la ville conquise; il fut expressément défendu de jamais rebâtir l'emplacement où elle avait existé : sanguinaire aristocratie, frappe et abîme, toi aussi tu seras frappée et abîmée à ton tour ; le vengeur est là qui t'attend ; un jour, il viendra s'asseoir sur les ruines de Carthage !

Durant le répit que leur avait laissé l'intervalle d'une guerre punique à l'autre, les Romains s'étaient agrandis de l'Istrie, de l'Illyrie, de presque toute la Gaule-Cisalpine, de la Sardaigne et de la Corse, de l'Asie-Mineure (1) ; la force et la ruse les avaient mis en possession de la Macédoine (2) et de la

---

(1) Elle fut conquise (l'an 190 avant J.-C.) sur Antiochus, roi de Syrie. Pour se venger de ce que ce prince avait envoyé une armée au secours des Grecs, par eux en partie subjugués, les Romains envahirent ses états. Commandés par Scipion, frère du vainqueur de Carthage, ils battirent, à la bataille de Magnésie, Antiochus, auquel ils imposèrent une paix déshonorante qui le mit tellement dans leur dépendance, qu'il n'osait agir que d'après leurs inspirations. Aussi mécontenta-t-il *ses sujets*, et mourut-il assassiné: *avis aux monarques peu jaloux de l'honneur national.*

(2) Rome, à la sollicitation de quelques états de la Grèce, en

Grèce (1). Enfin, après la troisième guerre punique, la guerre numantine, dans laquelle Marius commence à se faire connaître, et que Scipion-Emilien termine par la prise de Numance qu'il rase de fond en comble, asservit (l'an 145 avant J.-C.) à Rome une grande partie de l'Espagne.

Pour ne pas interrompre la suite des faits, nous avons passé sous silence Judas-Macchabée (il vivait l'an 165 avant J.-C.) et ses frères, dont les exploits redonnèrent un peu d'éclat à la Judée : c'étaient les derniers élans d'une nation désireuse de reconquérir son indépendance; comme les autres peuples, les Juifs devaient reconnaître plus tard la suprématie de Rome.

Les Romains, débarrassés des guerres terribles

---

guerre contre Philippe, roi de Macédoine, fit passer dans la Grèce une armée sous les ordres du consul Quintus-Flaminius. Celui-ci défit complètement Philippe près des Cynocéphales, et lui imposa, par suite de cette défaite, de dures conditions. Persée, fils de Philippe, ayant voulu secouer le joug, se laissa battre à la bataille de Pydna et faire prisonnier à Pella, forteresse où il s'était renfermé, par Paul-Emile, dont il orna le triomphe; il suivait à pied, chargé de chaînes, le char de son heureux vainqueur : coutume atroce et insensée, bien digne, au reste, des mœurs d'un peuple belliqueusement sauvage, courant d'un bout du monde à l'autre pour assouvir sa soif frénétique de conquêtes! Plus tard, Andryscus, s'étant procuré un parti en se faisant passer pour le fils de Persée, fut vaincu et pris par le consul Métellus; on le conduisit à Rome enchaîné, et la Macédoine fut transformée (vers l'an 147 av. J.-C.) en province romaine.

(1) Les Grecs, s'étant aperçus qu'en appelant les Romains à leur secours ils s'étaient donné un maître et non un allié, se soulevèrent : vains efforts! la liberté de la Grèce touchait au terme de son existence : la sanglante bataille gagnée dans les plaines de Leucopétra, contre la ligue Achéenne, par le consul Mummius (dont la crasse ignorance nous est révélée par une infinité d'actions toutes entachées d'une barbarie révoltante, entr'autres par la ruine de Corinthe qu'il livra au pillage et incendia sans respect pour les statues, les tableaux et tous les objets d'art qu'elle renfermait), mit fin au pouvoir républicain de la Grèce, et la réduisit (l'an 146 av. J.-C.) à l'état de province romaine.

qu'ils soutenaient depuis cent ans contre les nations jalouses de leur accroissement, goûtaient enfin les douceurs du repos. L'Orient, témoin du triomphe de leurs armes, leur avait inoculé, en les dotant des richesses de l'Asie, le goût du luxe et de la mollesse. Ce n'étaient plus ces incorruptibles agriculteurs, jadis si fiers d'une pauvreté honorable; déjà ils commençaient à dédaigner la simplicité de la vie champêtre; déjà ils prenaient des mœurs sédentaires et efféminées; déjà il était aisé de prévoir que cet empire, dont la frugalité et la rudesse avaient établi la domination, ne ferait que décroître et finirait par être la proie des peuples sauvages qu'il avait l'injustice de tant mépriser. Ne recelait-il pas dans ses entrailles un vice rongeur, sa querelle entre les deux ordres (les patriciens et les plébéiens), querelle amortie mais non terminée, par des dangers imminens? Depuis que les plébéiens avaient obtenu l'accès des hautes magistratures, ils avaient prouvé que le mérite et les talens n'étaient pas l'apanage exclusif de telle ou telle classe; eux aussi avaient fourni de bons généraux et de sages administrateurs. Les loisirs de la paix devaient nécessairement apporter des changemens dans la constitution politique et sociale de l'état, en occupant les esprits de projets de réforme interrompus par le soin impérieux d'une défense nécessaire. Une révolution était imminente; elle était juste et même indispensable pour obtenir des améliorations radicales, quand entrèrent en scène deux tribuns dont la ténacité porta de rudes coups à l'aristocratie patricienne : c'étaient les Gracques.

Tibérius et Caïus-Gracchus, petits-fils de Scipion-l'Africain par leur mère Cornélie, étaient d'origine plébéïenne par leur père, homme rempli de vertus et de talens, dont la carrière, semée de gloire, avait été honorée du consulat et d'un double triomphe. Ils débutèrent dans la carrière politique par prendre en main les intérêts, non-seulement de ceux qui n'étaient pas nobles, mais de ceux dont l'affreux dénûment excitait leur commisération, *des prolétaires*. La dénomination changera de sens, quoiqu'elle soit conservée, et la lutte désormais n'existera plus qu'entre les pauvres et les riches. Veut-on savoir quelle était l'affreuse position de ceux-là, écoutons Tibérius retraçant en traits éloquens, devant l'assemblée du peuple, le tableau fidèle et animé de leurs misères : « Les bêtes sauvages qui sont répan-
» dues dans l'Italie, n'y ont d'autre propriété que
» la lumière et l'air qu'ils respirent : sans maison,
» sans établissement fixe, ils errent de tous côtés
» avec leurs femmes et leurs enfans. Les généraux
» les trompent quand ils les exhortent à combattre
» pour leurs tombeaux et pour leurs temples : mais
» dans un si grand nombre de Romains en est-il un
» seul qui ait un autel domestique et un tombeau
» où reposent ses ancêtres? Ils ne combattent et
» ne meurent que pour entretenir l'opulence des
» riches; on les appelle les maîtres de l'univers,
» et ils n'ont pas en propriété une motte de terre. »
Celui dont la parole incisive était uniquement consacrée à la défense de l'infortune, devait inévitablement être en butte aux traits acérés des possesseurs de la fortune, de ces hommes nageant au sein de

toutes les jouissances, tandis qu'il en était d'autres n'ayant pas même un morceau de pain pour sustenter leurs familles : en effet, ils se conduisirent si perfidement, qu'il ne tarda pas à devenir leur victime ; voici comment : dans une assemblée du peuple où il s'éleva un grand tumulte que sa voix ne pouvait pas dominer, Tibérius voulant faire comprendre que les grands en voulaient à sa vie, porte la main à sa tête ; aussitôt ses ennemis de s'écrier qu'il demande la royauté : la calomnie circule, elle s'accrédite, et l'aristocrate Scipion-Nasica, l'égoïste Scipion, le proche parent des Gracques, atteint dans sa fortune par les réformes de Tibérius, s'inscrivant contre l'avis du consul, profère en plein sénat ces mots : « Puisque le premier magistrat trahit la république, que ceux qui veulent sauver les lois (1) me suivent ! » A l'instant, il sort suivi d'une cohorte assassine de sénateurs et de riches patriciens, soutenue d'une foule nombreuse de leurs cliens et valets, armés de massues et de gros bâtons : tout se disperse à leur approche ; Tibérius, fuyant comme les autres, est atteint et impitoyablement égorgé ; son corps, après avoir été traîné dans les rues de Rome, est jeté dans le Tibre avec les cadavres de plus de trois cents de ses partisans.

Caïus-Gracchus, héritier des vertus et des talens de son frère, périt d'une manière non moins tragique, par des manœuvres non moins déloyales.

---

(1) De quelles lois voulait-il parler ? Probablement de celles faites par et pour les riches. Pauvre peuple, comme toujours on t'a leurré par de belles paroles pour mieux t'opprimer !

Lâchement abandonné du peuple dont il était le défenseur, il se fit donner la mort par un de ses esclaves, pour ne pas donner à ses ennemis la satisfaction de le prendre vivant. Trois mille de ses adhérens furent massacrés, et leurs corps jetés dans le Tibre avec celui de Caïus.

Ainsi périrent les Gracques, ces réformateurs hardis dont les théories progressives dévancèrent leur siècle : ils périrent, mais leurs idées survécurent ; mais la poussière qu'ils jetèrent à la face des patriciens ne se perdit pas dans l'immensité des cieux. Patience ! si le patriciat s'engraisse avec usure du sang des amis du peuple, le jour n'est pas éloigné où il paiera au centuple tout le mal qu'il aura prodigué !

Avant de quitter les Gracques, nous donnerons le résumé de la plupart des mesures qu'ils proposèrent : la mise en vigueur de la loi Licinia (1) ; le partage, entre les plus pauvres citoyens, de l'argent du roi de Pergame, Attalus-Philopator, qui avait institué le peuple romain son héritier ; la diminution de la durée du service militaire ; l'appel, devant l'assemblée du peuple, des jugemens de toutes les magistratures ; l'administration de la justice litigieuse enlevée aux sénateurs et confiée en totalité, ou du moins en grande partie, aux simples chevaliers ; le

---

(1) Cette loi défendait à tout citoyen romain de posséder plus de cinq cents plèthres de terres conquises. Elle était tombée en désuétude, et les riches avaient fini par accaparer toutes les terres. Les Gracques voulaient qu'ils fussent tenus de les restituer, et que, conformément aux lois, elles fussent divisées entre tous les citoyens : voilà ce qu'on nommait à Rome, la loi agraire.

sceau de l'infamie imprimé à tout magistrat déposé par une sentence du peuple ; la responsabilité à l'égard du peuple, auquel il serait tenu de rendre compte de sa conduite, de la part de tout magistrat qui aurait exilé un citoyen sans l'observation des formalités prescrites par les lois ; le droit de bourgeoisie et le titre de citoyen romain étendus à tous les habitans du Latium, plus tard à ceux des Alpes ; les priviléges des colonies romaines concédés aux colonies latines ; le droit de voter, quand il s'agirait de nouvelles lois, conféré aux colonies privées du droit de suffrage dans l'élection des magistrats ; des distributions gratuites de blé, ou la vente du blé à vil prix, ainsi que la construction de greniers publics pour se précautionner contre les éventualités d'une disette ; la suppression des places distinctives dans les spectacles publics : toutes ces réformes et beaucoup d'autres encore portant le cachet de l'égalité, c'est-à-dire de la justice, furent ou proposées ou obtenues par eux.

La guerre de Numidie (113e année avant J.-C.) démontra combien la dépravation avait gagné *la haute classe* romaine. Jugurtha, fils adoptif de Micipsa, qui lui avait légué son royaume, concurremment avec ses enfans Hiempsal et Adherbal, s'empara du trône de la Numidie au détriment des fils de son bienfaiteur : il fit poignarder le premier ; il força le second à s'enfuir de ses états et à réclamer l'appui de la république romaine. Jugurtha se défendit long-tems par ses richesses (1) plutôt que par les

---

(1) Jugurtha étant venu à Rome avec un sauf-conduit, pour rendre

armes. Les généraux, les ambassadeurs, les autres agens du sénat s'étaient tous laissé séduire, et il fallut que la grosse voix du peuple se fît entendre pour mettre un terme à cette prostitution (1). La guerre, poursuivie avec vigueur par Métellus, fut enfin terminée, grâce à la prise de Jugurtha, que son beau-père Bocchus, roi de la Haute-Numidie, livra au questeur Sylla, moins célèbre pour avoir vaincu les Cimbres et les Teutons (2), que pour avoir abaissé l'aristocratie romaine.

---

compte de sa conduite, employa son séjour à y semer la corruption, c'est-à-dire à acheter les consciences vénales, et certes elles étaient nombreuses : il paya même des gens pour assassiner un petit-fils de Massinissa, son compétiteur à la couronne. Le peuple proprement dit, qui n'était pas vendu, lui, indigné de tant de noirceur, exigea que Jugurtha eût à sortir aussitôt de Rome : on prétend qu'en quittant les murs de cette ville, il se tourna vers elle et s'écria : ô ville vénale ! tu te vendrais si tu trouvais un acheteur assez riche pour t'acheter. Exclamation qui peint au juste à quel degré de démoralisation était réduite cette dominatrice des nations.

(1) En preuve de la bassesse et de la dépravation des sénateurs et des patriciens, nous citerons en entier le discours suivant du tribun Mummius contre le traître Calpurnius : « L'intégrité a dis-
» paru dans cet ordre; on n'y trouve plus de justice : l'argent est
» le tyran de Rome, et le peuple n'a que trop éprouvé que les grands
» et la noblesse n'ont point d'autre divinité. Ils trafiquent publi-
» quement de leur foi et de leur honneur. La gloire et les intérêts
» de l'état sont tombés en commerce. On a trahi la majesté de
» l'empire; on a vendu la république dans l'armée et dans Rome
» même. Opimius, l'assassin de Caïus, le meurtrier de trois mille de
» ses concitoyens, ce tyran de sa patrie, les mains encore souillées
» du sang du peuple et de ses tribuns, les a remplies de l'or et de
» l'argent du perfide Jugurtha. Calpurnius et Scaurus ne sont peut-
» être pas plus innocens. On nous dit que le Numide s'est rendu à
» la république; qu'il a livré tout ce qui le rendait redoutable :
» éclaircissez cette vérité; faites venir Jugurtha; s'il est vrai qu'il
» se soit rendu de bonne foi, il obéira à vos ordres; et s'il n'y
» obéit pas, vous jugerez aisément que ce qu'on appelle un traité
» n'est qu'une collusion de ce prince artificieux avec nos généraux;
» traité qui n'aura pour lui que l'impunité de ses crimes, des ri-
» chesses honteuses pour ceux qui étaient chargés des ordres du
» sénat, et un déshonneur éternel pour la république ! »
(2) Ces deux peuples de la Germanie, après avoir ravagé la Gaule

Nous sortons de deux siècles (le 3me et le 2me avant J.-C.) où Rome, après avoir terrassé tout ce qui l'entourait, tout ce qui pouvait compromettre sa puissance, n'avait plus à craindre que d'autres peuples, soit isolés, soit réunis, pussent lui ravir le sceptre de reine du monde. Jusque-là les Romains, entièrement absorbés par le fracas des armes, n'avaient pas eu le tems de secouer les langes qui les retenaient dans l'ignorance ; mais après la conquête de la Grèce, le goût des arts et des lettres s'introduisit parmi eux, et déjà l'on voyait poindre quelques talens, avant-coureurs de ceux du siècle suivant (le 1er siècle avant J.-C.) : Andronicus livre à la publicité la première comédie, et Fabius-Pictor les premières annales de Rome ; Ennius, littérateur, poète et historien, se distingue à-la-fois dans ces trois genres ; Plaute et Térence confient à la scène d'admirables comédies. Durant l'intervalle que nous venons de parcourir, plusieurs inventions, celles du parchemin, par Eumènes de Pergame ; de la clepsydre, par les Égyptiens ; de l'orgue hydraulique, de l'horloge à roue, par Ctésibius d'Alexandrie ; des miroirs ardens, par Archimède ; des fontaines, par Héron d'Alexandrie ; du papier de soie ; de l'encre et des pinceaux à la Chine ; de la mosaïque en verres et métaux ; d'un système judicieux de ponctuation divisé en points et virgules,

---

et vaincu plusieurs armées romaines, se préparaient à envahir l'Italie, quand Marius arrêta leurs progrès : il les battit et les extermina (vers les années 102 et 101 avant J.-C.), les Teutons à Aix, en Provence, et les Cimbres à Verceil, près des rives du Pô, dans la Gaule-Cisalpine.

par Aristophane de Bysance (dans le 3ᵐᵉ siècle avant J.-C.); des pompes, par Héron d'Alexandrie; de la précession des équinoxes; des latitudes et longitudes; de la trigonométrie sphérique, par Hipparque de Nicée; des broderies en or, par Attale, roi de Pergame; enfin, de la sphère artificielle, par Passidonie (dans le 2ᵐᵉ siècle avant J.-C.), attestent les progrès étonnans de l'esprit humain à cette époque, et préparent aux prodiges du siècle le plus éclairé (le siècle d'Auguste) dont fassent mention les fastes de Rome, siècle immortalisé par une infinité de génies créateurs; siècle, hélas! précurseur de catastrophes inouïes qui semblent n'avoir voulu replonger la terre dans les ténèbres de la barbarie que pour l'initier aux majestueux problèmes de l'organisation sociale égalitaire qu'on est sur le point d'atteindre aujourd'hui. Mais n'anticipons point sur les événemens, et reprenons le fil de notre histoire; certes, nous entrons dans une série de faits dignes au suprême degré de captiver notre attention : nous sommes à Marius.....

De retour à Rome, après la guerre des Cimbres et des Teutons, Marius obtint le consulat pour la sixième fois. Ce grand homme, fils de ses œuvres, devait sa fortune à son seul génie; il n'avait pas eu besoin que ses talens fussent rehaussés par l'éclat illusoire d'une haute naissance nobiliaire; parti soldat, il était passé par tous les grades pour parvenir au rang élevé qu'il occupait dans l'armée. Courageux, sobre, actif, ennemi des plaisirs, il s'était montré, par son exemplaire rigidité à se conformer à la discipline militaire, digne de commander un jour. Démocrate plein d'ardeur, ami zélé du peuple dont il possédait la confiance, dont il connaissait et appréciait les souffrances, il résolut de le relever de l'état d'abjection où il était plongé, en renversant l'aristocratie patricienne (1). Le tribun Saturninus et le préteur Glaucius lui prêtèrent leur assistance pour renouveler la proposition de partager les terres entre les plus pauvres

---

(1) Pour mettre le lecteur à même de former son jugement, nous rapporterons un discours prononcé par Marius, lorsqu'il eut été investi de son premier consulat. On verra que, comme tant d'autres l'ont fait, il ne trahit pas ses antécédens démocratiques; il ne chercha pas à les faire oublier par une lâche condescendance vis-à-vis de la classe patricienne qu'il avait combattue à outrance, et de laquelle il avait éprouvé les mépris : « Ils (Vertot, *Histoire des Révolutions romaines*) méprisent ma naissance, disait-il, et je » méprise leur orgueil et leur mollesse. Ils me reprochent ma pau- » vreté, si recommandable parmi nos ancêtres; et je leur reproche » avec bien plus de justice leur avarice, à laquelle on les voit tous » les jours sacrifier leur foi, leur honneur, la gloire et les intérêts » de la république. Ils envient la dignité que les suffrages du peuple » et des gens de bien m'ont donnée; que n'envient-ils aussi mes » travaux guerriers, les périls où je me suis tant de fois exposé, » et les blessures que j'ai reçues dans les combats? Je ne suis par- » venu au commandement que par une longue obéissance, et ils » veulent commander sans avoir obéi et sans autre mérite que celui » de leur naissance. S'ils font des fautes, s'ils se laissent surprendre » par les ennemis, le crédit, la cabale de leurs parens, le grand » nombre de leurs créatures couvrent tout. On dissimule, on dé- » guise les pertes qu'ils font, ou on les rejette sur les officiers sub- » alternes. La vérité ne perce jamais ces nuages que forment l'autorité » des grands et la flatterie de leurs esclaves. Pour moi, tous ces » secours me manquent, je n'ai point de parens dans les charges, » je ne saurais représenter leurs images, les consulats et les triomphes » de mes ancêtres. Mon unique ressource est en moi-même, et je ne » puis trouver d'appui que dans mon courage. J'avoue même que » le talent de la parole me manque; j'ignore cet art dangereux qui » apprend à couvrir sous de belles paroles la honte d'actions remplies » de lâcheté. Élevé dès ma plus tendre jeunesse dans un camp, et » nourri dans la discipline militaire, je n'ai appris qu'à me servir » utilement de mon épée. Voilà mon unique étude, et l'instruction » et l'exemple que je donnerai à mes soldats..... En ôtant le com- » mandement de l'armée aux grands, vous avez ôté le principal » obstacle qui s'opposait à la victoire. »

citoyens; mais par les brigues criminelles des riches, Saturninus ayant été massacré, et Marius obligé de s'exiler de Rome pour quelque tems, cette proposition échoua de nouveau. Sur ces entrefaites, la plupart des nations de l'Italie s'étant révoltées, on eut besoin de Marius, et on l'opposa à ces nations, concurremment avec Sertorius et Sylla, général à la tête de l'aristocratie, dont nous allons dépeindre la sanglante célébrité. Enfin, après quatre ans, *la guerre sociale* (1) fut terminée par l'incorporation à la république romaine de ces peuples auxquels on accorda le droit de cité, et la discorde, assoupie durant cet intervalle, se réveilla avec plus de fureur qu'auparavant. Le parti du peuple, d'abord vainqueur, fut ensuite vaincu, et Marius, contraint de s'enfuir précipitamment, erra plusieurs jours dans les marais de Minturne, d'où il se réfugia en Afrique. Pendant que Sylla était occupé dans l'Orient (vers l'an 87 avant J.-C.) à faire la guerre à Mithridate, roi du Pont, antagoniste redoutable de la puissance romaine, Marius ne s'était pas découragé : plus illustre dans son malheur qu'au faîte de la prospérité, il s'était sauvé, comme par miracle, des plus terribles dangers, et le parti du peuple, efficacement secondé par l'intrépide dévouement de Cinna, consul entièrement dans les opinions démocratiques, n'avait pas tardé à reprendre l'avantage qu'il avait perdu. Marius, rentré dans Rome, fit payer cher aux patriciens les persécutions d'un triomphe

---

(1) Ainsi nommée à cause de la confédération des peuples qui se soulevèrent contre Rome.

éphémère, et leur sang, versé par le peuple, certifia une vérité incontestable : que toujours les excès qu'on reproche aux peuples dans les révolutions, sont des actes réparateurs et vengeurs des plus criantes et des plus monstrueuses injustices. Marius, nommé consul pour la septième fois, se préparait à marcher contre Sylla, quand la mort vint le surprendre au milieu de ses travaux, dans un moment où son appui était plus nécessaire que jamais au triomphe des idées démocratiques.

Sylla l'ayant emporté sur le fils et les lieutenans de Marius, revint à Rome, où il consomma, dans le champ de Mars, le massacre de six à sept mille prisonniers. Dès lors, une proscription atroce plane sur les têtes des ennemis du vainqueur et de ses partisans. Chaque jour des listes sont affichées, et malheur à ceux dont les noms y figurent! Ils sont bientôt égorgés par d'infames sicaires : on veut pulvériser à jamais la démocratie : efforts insensés! Tuer le progrès est impossible! Nous l'avons vue, cette démocratie, grandir par la persécution ; dès la fondation de Rome, elle lutte contre le patriciat; vivace, elle résiste aux obstacles qu'on veut opposer à sa marche ; elle les surmonte en arrosant de son sang presque chacune de ses conquêtes : patience! Malgré Sylla, malgré tous ceux qui voudront l'imiter, elle ne tardera pas à triompher : César n'a pas été compris parmi les proscrits, *quoique Sylla vît en lui plusieurs Marius!*,....

Sylla, après avoir usurpé la dictature perpétuelle (l'an 82 avant J.-C.), remporta une victoire signalée sur Mithridate, et se fit adjuger les honneurs du triomphe. Ayant exercé deux ans ce pouvoir exorbitant, il finit par l'abdiquer volontairement, ennuyé du vide de la grandeur. On a de la peine à concevoir que ce monstre, souillé de tant de forfaits, ait vécu encore deux années dans une tranquillité parfaite, à Cumes, en Campanie, où il mourut des suites d'une maladie que lui avait procurée sa vie débauchée. O honte! Il affichait la plus complète sérénité : le remords n'avait donc pas d'accès sur cette ame de boue? Et il ne s'est pas trouvé un Romain, pas un seul digne de ce nom, pour lui enfoncer un poignard dans le sein ! Et l'on dit le peuple méchant! Calomnie!... calomnie!...

Le parti populaire n'avait pas totalement disparu avec Marius ; il se soutenait encore en Espagne, où Sertorius, démocrate pur, général rempli de courage, de prudence et de talens, non moins distingué par sa douceur que par sa justice, faisait chérir les bienfaits de son administration libérale et paternelle. Tout ce qui était persécuté à Rome, tout ce qui était en hostilité avec le sénat et les patriciens l'eut bientôt rejoint, et il se vit alors à la tête d'une forte armée. Il avait constitué un sénat composé de sénateurs proscrits par Sylla ; il dota l'Espagne d'espèces d'assemblées représentatives où étaient appelés des représentans de cette nation : ainsi, les Espagnols, ces mêmes Espagnols qui combattent aujourd'hui pour reconquérir leurs droits, c'est-à-dire une représentation nationale, véritable émanation de leurs intérêts, ont été les premiers peuples à posséder des mandataires de leur choix.

Sertorius vainquit plusieurs armées envoyées

contre lui ; il aurait long-tems résisté aux forces romaines ; il aurait peut-être même conquis l'Italie, où l'appelaient les souffrances de tant d'opprimés, sans la trahison de Perpenna : celui-ci eut la bassesse d'assassiner (vers l'an 71 avant J.-C.) son général, croyant se faire bien valoir auprès de Pompée ; mais Pompée le fit périr ; juste punition d'une action aussi noire ! On se sert des traîtres ; on ne les aime pas ! La mort de Sertorius mit fin à la guerre d'Espagne.

Le sang des martyrs est fécond en héros ; quand une tête est abattue, il s'en présente à l'instant une autre sur la brêche : à Sertorius succède un démocrate bien autrement redoutable, car celui-là représente le principe démocratique dans toute sa virginité, dans sa plus simple expression. Il était à Rome une classe en butte aux plus iniques humiliations ; on ne les regardait pas comme des hommes ; on les ravalait à une condition pire que celle de la brute : c'étaient les gladiateurs qu'on livrait dans le cirque en spectacle pour servir aux féroces amusemens *du peuple roi ;* c'étaient les esclaves dont la vie se consumait en de pénibles labeurs, toujours à la discrétion de maîtres qui en disposaient souverainement. Spartacus, un d'entr'eux, Thrace de naissance, fatigué de tant d'oppression, lève l'étendard de la révolte ; il appelle aux armes ses compagnons d'infortune : à sa voix, les esclaves, les prolétaires, ceux auxquels l'organisation sociale de la république rend l'existence insupportable, viennent en foule se ranger sous ses drapeaux ; les rangs de son armée se grossissent tellement, qu'il est bientôt à même de résister au choc des légions romaines, dont les premières ont déjà lâché pied. Parti à la tête de soixante-dix hommes, il en commande dans peu dix mille. En premier lieu, on lui oppose deux préteurs, il les bat; en second lieu, les deux consuls, il remporte sur eux deux victoires consécutives : dès ce moment, il se recrute de plus en plus; il a cent vingt mille hommes sous ses ordres. Enfin, le sénat, qui, dans le principe, s'endormait dans une fausse sécurité, commence à trembler; il sait que son ennemi fait vibrer dans le cœur des masses de ces idées de liberté, d'égalité, de bien-être, dont les conséquences sont désastreuses pour la puissance des oppresseurs, et il jette les yeux sur Licinius-Crassus pour lui confier la direction de la guerre contre un ennemi qu'il avait affecté, au commencement, de mépriser. Crassus commence par décimer (1) les légions ; ensuite il les mène à l'ennemi dont il surprend un corps de dix mille hommes occupé à fourrager, qu'il taille en pièces. Ce combat fut l'avant-coureur d'une grande bataille rangée qu'il gagne complètement contre l'armée entière des esclaves. Enfin, Spartacus, ayant tenté de gagner le bord de la mer, dans le dessein de s'embarquer pour la Sicile, Crassus le prévient en lui barrant le chemin et en l'enfermant dans le Brutium. Spartacus, dans une circonstance si épineuse, ne se déconcerte pas; il se conduit en capitaine consommé; par ses habiles dispositions,

---

(1) On appelait décimer, faire périr, sur dix soldats, celui désigné par le sort.

ayant rendu la victoire indécise entre lui et les Romains, il est à la fin vaincu par la discipline et par le nombre de ses adversaires : blessé à la cuisse et ne pouvant se tenir sur ses jambes, il se défend à genoux ; cette résistance désespérée se prolonge jusqu'à ce qu'il tombe percé de mille coups : après la bataille, son corps, retrouvé au milieu d'un monceau de cadavres, prouva combien sa mort avait été glorieuse, et qu'il n'était pas indigne de mourir pour la liberté. Telle fut la fin de Spartacus, de cet homme extraordinaire qui fut sur le point de briser les fers de ses semblables, et auquel il ne manqua peut-être, pour réussir, que d'être né dans une condition propre à en imposer au vulgaire dont la raison, peu éclairée alors, n'avait pas abjuré les préjugés attachés au hasard de la naissance ; de Spartacus, un des plus grands caractères de l'antiquité, dont la conception élevée ne fut pas au-dessous de la mission qu'il poursuivait ; qui joignait à la capacité du général la bravoure du soldat au-dessus duquel il ne voulut s'élever par aucun éclat emprunté. Avant le commencement du combat, il perça de son épée un cheval qu'on lui avait amené : « si je suis victorieux, dit-il à ses » soldats, je n'en manquerai pas ; si nous sommes » défaits, je n'en ai pas besoin. » Pompée, à son retour d'Espagne, rencontra quelques fugitifs, restes de l'armée de Spartacus, qu'il vainquit facilement ; cependant il ne rougit pas d'écrire au sénat que *Crassus n'avait vaincu que des esclaves, mais que lui avait extirpé les racines de la rébellion.* Quelle modestie !

Tandis que Pompée, chef de l'aristocratie patricienne, faisait la guerre à Mithridate (1); tandis que le succès de ses armes annexait à l'empire de Rome la Judée et tout l'Orient jusqu'à l'Euphrate, la république, sourdement agitée par le malaise d'une grande partie de sa population, faillit tomber entre les mains de la démocratie. Catilina, sénateur d'origine patricienne, que les historiens de cette époque, dont nous devons suspecter la véracité, parce qu'ils ont tous écrit en faveur de la classe nobiliaire, nous dépeignent sous les plus noires couleurs, Catilina tenta de conquérir au peuple la jouissance de ses droits (2). Cicéron était alors

---

(1) Mithridate avait été souvent battu par Lucullus, dont l'histoire prône tant le luxe et la friandise, quand Pompée, qui venait de purger la Méditerranée de la présence des Pirates dont elle était infestée, prit le commandement pour mener à heureuse fin une guerre dont une durée de quarante-deux ans rendait le terme nécessaire. Ayant affaire avec un ennemi affaibli par la désertion de Tigrane, roi d'Arménie, son allié, il le défit près de l'Euphrate, dans l'Asie-Mineure. Après cela, trahi par son fils Pharnace, que son ambition conduisit à méconnaître les devoirs de la nature, le roi du Pont prit du poison pour se garantir de la vengeance des vainqueurs.

(2) Un discours de Catilina, conservé par Salluste (Laponneraye, *Mélanges d'économie sociale*, etc.), nous paraît imprimer aux intentions de cet homme, étrangement calomnié, leur véritable caractère; le voici : « Depuis que la république est devenue la proie d'un petit
» nombre d'hommes puissans, c'est pour eux seuls que les peuples
» et les rois tributaires prodiguent leur or. Tout ce que nous sommes
» dans Rome de citoyens probes et vertueux, nous sommes privés
» d'influence et de considération, et réduits à la condition la plus
» misérable, nous qui ferions trembler ceux qui nous oppriment si
» la république était ce qu'elle doit être. Pouvoir, honneurs, ri-
» chesses, ils accaparent tout, et nous laissent en partage les dan-
» gers, les affronts et la misère..... Quel est l'homme vraiment
» digne de ce nom qui laissera jouir nos tyrans d'un immense
» superflu, tandis que nous manquons du nécessaire? Qui les
» laissera bâtir de magnifiques palais, tandis que nous n'avons
» pas même un *asile* où nous puissions reposer nos têtes? »

19

consul. Quoique de naissance plébéienne, il n'en était pas moins un fauteur virulent de l'aristocratie, ce qui confirme merveilleusement la vérité d'une assertion par nous précédemment émise : que les riches des deux classes s'étaient réunis contre les pauvres. La conjuration ayant été découverte, Catilina sortit du sénat où Cicéron prononça contre lui ses fameuses catilinaires qu'on peut bien louer comme œuvre de littérature et d'éloquence, mais dont nous blâmerons, nous, la violente amertume qu'elles respirent contre le peuple et ses soutiens ; il alla rejoindre l'armée qu'il avait réunie en Italie. Enfin, après des prodiges de valeur, il succomba (l'an 63 avant J.-C.) sur le champ de bataille de Pistoïe avec tous ses complices, dont aucun ne survécut à cette défaite, et Cicéron reçut, de la flatterie du sénat, le nom de *père de la patrie*. Quel père de la patrie que celui qui regardait l'inégalité sociale comme la clé de voûte de l'édifice gouvernemental ! qui pensait que l'intérêt de tous devait être subordonné à l'intérêt d'un petit nombre ! qui, contrairement aux règles de la justice, avait condamné des citoyens sans les entendre ! Admirez l'impudente ironie de cet emphatique orateur : au sortir de sa charge, accusé par un tribun du peuple d'avoir saisi l'arme de l'arbitraire au mépris de la constitution de l'état, il s'écrie : « *Je jure que Rome et la république ont été sauvées par moi.* » Eh ! oui, vous avez sauvé Rome et la république, si vous entendez par là avoir préservé de tout dommage le système de corruption alors en vigueur, avoir conservé à l'aristocratie ses priviléges exorbitans, avoir maintenu le pauvre dans l'état de dégradation où il croupissait de tems immémorial, avoir retenu l'indigent à la merci d'un impitoyable créancier ; mais si l'on est comptable à la postérité de tout le mal que l'on a commis, vous êtes coupable d'avoir empêché la manifestation de la vérité ; vous êtes coupable d'avoir empêché le peuple de mettre un terme à ses souffrances, de lui avoir dénié le droit d'être quelque chose dans cette cité de laquelle il faisait forcément partie ; *vous êtes coupable de vous être opposé au règne de l'égalité, en employant votre funeste talent à plaider la cause du riche et du puissant, contre celle du pauvre et de l'opprimé : bien plus, vous êtes criminel de lèse-humanité ; et sur votre tête, clouée plus tard à la tribune aux harangues par la vindicte d'un vengeur des droits que vous outragez, nous ne lirons plus père de la patrie, mais bourreau de ses concitoyens.*

Rome renfermait alors dans son sein des citoyens trop puissans pour n'être pas asservie. Caton d'Utique, le rigide Caton, partisan zélé de l'aristocratie, s'élevait en vain contre le relâchement des mœurs publiques et privées ; sa voix était impuissante à arrêter le torrent démoralisateur qui menaçait d'engloutir la république. Jules-César, patricien à la tête du parti démocratique, avait eu l'art de brouiller Pompée et Crassus avec le sénat et les nobles ; formant avec eux un *triumvirat* (l'an 60 avant J.-C.), il avait obtenu le consulat : avec leur assistance, il fit adopter une loi agraire (1). Anomalie singulière !

---

(1) Cette loi ordonnait le partage des terres de la Campanie

Pompée, l'exterminateur des restes du parti de Marius, et Crassus, le cupide Crassus, le vainqueur de Spartacus, auquel les proscriptions de Sylla avaient procuré d'immenses richesses, reniaient leurs antécédens en se rangeant d'un parti qu'ils avaient constamment combattu : c'est qu'ils n'avaient pas de convictions pures; c'est qu'ils n'étaient guidés que par leur ambition ; or, cette ambition leur sera bientôt fatale. Le triumvirat avait à redouter l'influence de deux sénateurs : celle de Cicéron, il fut exilé; celle de Caton, on lui confia une mission qui le tint éloigné de Rome. Après quoi, le gouvernement de l'empire fut divisé entre les trois triumvirs. Pompée s'adjugea Rome; César eut en partage l'Illyrie avec les Gaules Transalpine et Cisalpine, qu'il soumit dans huit campagnes; Crassus se chargea pour son lot de la Syrie et de la guerre contre les Parthes, guerre désastreuse dans laquelle il périt, avec son fils et toute son armée, au milieu des sables de la Mésopotamie, où il s'était imprudemment aventuré.

Après la mort de Crassus, la mésintelligence éclata entre deux rivaux, dont aucun ne voulait souffrir un égal, et bien moins un supérieur. Pompée, reprenant ses anciennes prédilections, se réconcilia avec le sénat, par lequel il fut chargé de pourvoir au salut de la république contre les projets de César, à qui ce corps ordonna (l'an 49 avant J.-C.) de licencier ses armées et de sortir des pays

---

entre vingt mille citoyens romains ayant au moins trois enfans chacun.

qu'il avait soumis. Comme il est aisé de le pénétrer, « la question (Laponneraye, *Dictionn. hist.*) était
» nettement posée : d'un côté était le parti aristo-
» cratique avec Pompée en tête, de l'autre le parti
» populaire ayant César pour chef. Pompée, le
» plus grand capitaine de Rome si César n'avait
» pas existé, n'avait ni la dévorante activité, ni
» l'audace extraordinaire de son rival; il ne réu-
» nissait pas, comme César, toutes les qualités qui
» font les grands hommes. César excellait dans
» tous les genres; il était orateur éloquent, écrivain
» habile, politique consommé; mais c'est surtout
» comme homme de guerre qu'il était prodigieux :
» personne n'égalait son intrépidité dans les batailles
» et surtout sa profonde tactique. Aussi adroit à
» profiter des fautes de son ennemi, que soigneux
» de n'en pas faire, on l'a vu cent fois disperser des
» armées formidables avec une poignée de soldats.
» Rien ne le rebutait. Patient, sobre, infatigable,
» il marchait imperturbablement à l'accomplisse-
» ment de ses projets. Voilà l'homme que l'aristo-
» cratie avait pour antagoniste. » César, loin d'obéir aux injonctions du sénat, franchit le Rubicon, et marcha sur Rome, que Pompée et le sénat abandonnèrent précipitamment à son approche pour se retirer en Épire, où ils comptaient faire la guerre avec plus d'avantages. Il se mit à leur poursuite ; mais n'ayant pas en ce moment de vaisseaux pour traverser la mer, il reprit le chemin de Rome. C'est dans cette capitale qu'il se procura des ressources immenses en s'emparant de l'argent qu'il trouva dans les caisses publiques, malgré la vive opposition du

tribun **Métellus**. Pour démontrer combien César comprenait la tâche révolutionnaire, nous citerons sa réponse à Métellus appuyant son *veto* sur le précis des lois en vigueur : « Le tems (Laponneraye, » *idem*) des armes n'est pas celui des lois ; si tu » n'approuves pas ce que je viens de faire, retire- » toi : la guerre ne souffre pas cette liberté de » parler. Quand, après l'accommodement fait, » j'aurai posé les armes, tu pourras alors haranguer » tant que tu voudras. Au reste, quand je parle » ainsi, je n'use pas encore de mes droits; car » vous m'appartenez par le droit de la guerre, toi » et tous ceux qui, après vous être déclarés contre » moi, êtes tombés entre mes mains. » Le tribun s'obstinant toujours, César lui eut bientôt fait lâcher la partie en le menaçant de le tuer : « jeune » homme, lui dit-il, tu sais qu'il m'est moins facile » de le dire que de le faire. » César ayant organisé ses moyens de défense et d'agression, se transporta en Espagne, où il vainquit deux lieutenans de Pompée, Afranius et Pétréius ; il en contraignit un troisième, Varron, à se soumettre à ses lois. Après cette expédition, il revint à Rome ; il s'y concilia, par la modération de sa conduite, la confiance de la plupart des sénateurs qui s'en étaient éloignés dans la crainte d'être exposés aux outrages du vainqueur, et qui y étaient rentrés quand ils connurent la douceur avec laquelle il usait de sa victoire. Le sénat l'ayant nommé dictateur pendant son absence, il ne garda cette magistrature suprême que onze jours, et il profita de ce court intervalle pour cicatriser les plaies des discordes civiles, en rappelant les bannis, en restituant tous leurs doits aux enfans des proscrits de Sylla, en dégrevant les débiteurs des intérêts d'une portion de leurs dettes. Après cela, élu consul pour la seconde fois, il se hâta de poursuivre la guerre contre Pompée. Ayant franchi la mer Ionienne, il s'empara de deux villes, Oricum et Apollonie. S'apercevant que tant que son ennemi serait maître des bords de la mer, il lui serait impossible d'en avoir bon marché, il décampa de la position qu'il occupait près de Brindes. Après beaucoup d'escarmouches sans résultat, après beaucoup de marches et de contre-marches, les deux armées se rencontrèrent dans la Thessalie, près du bourg de Pharsale. Là, se livra (le 20 Juin l'année 48me avant J.-C.) une grande bataille qui décida du sort de l'empire. Pompée, complètement battu, chercha, par une fuite honteuse, à prolonger une existence qu'il devait perdre dans peu de jours par la perfidie de Ptolémée. Cherchant un asile à la cour de ce roi d'Égypte, celui-ci le fit assassiner, au mépris d'obligations particulières qu'il en avait reçues auparavant : la reconnaissance n'est pas la vertu des rois! Au reste, le meurtrier ne retira pas de son crime tout le profit qu'il en attendait. Ayant présenté à César la tête sanglante de son malheureux antagoniste, ce vainqueur généreux recula d'horreur à la vue de cet horrible présent. Plus tard, ayant à se plaindre lui-même de certains procédés de Ptolémée à son égard, il le précipita d'un trône qu'il avait souillé par ses forfaits, et mit à sa place Cléopâtre, sœur de ce monarque, pour laquelle il prit fait et cause dans les démêlés qu'elle avait avec son frère. Cléopâtre d'une beauté ravissante, captiva le cœur du héros de Pharsale, à un tel point, qu'elle lui fit oublier dans ses bras les devoirs d'un homme d'état : nous verrons dans la suite quel prestige pernicieux exercèrent sur l'esprit d'Antoine les charmes de cette princesse ; l'amour est quelquefois une faiblesse bien fatale ! A la fin César, s'arrachant à un indigne repos, se dirigea vers la Syrie pour châtier Pharnace de la défaite d'un de ses lieutenans. Marchant avec la rapidité de l'éclair contre le fils de Mithridate, l'atteindre, l'attaquer, l'écraser, ce fut pour lui l'affaire d'un moment ; tellement qu'il caractérisa la promptitude de ses succès par ces mots : *je suis venu, j'ai vu, j'ai vaincu*. Après tant de victoires, il vint à Rome recevoir les honneurs d'un triple triomphe. Investi du consulat pour la troisième et la quatrième fois, il éteignit entièrement le feu de la guerre civile : d'abord, par la défaite de Scipion, que le secours du roi de Juba n'empêcha pas d'être vaincu en Afrique (1), ensuite par la victoire qu'il remporta près de la ville de Munda, en Espagne, contre les enfans de Pompée.

L'aristocratie, vaincue dans la personne de Pompée, avait poussé dans le sol romain de trop profondes racines pour pouvoir être extirpée d'un seul coup. Afin de se relever, elle tentera des efforts désespérés ; son bras débile voudra frapper

---

(1) Caton, ne pouvant se résoudre à subir la clémence de celui que ses préjugés nobiliaires considéraient comme le tyran de sa patrie, avait déjà mis fin à ses jours dans les murs d'Utique.

encore comme aux beaux jours de sa force : il n'est plus tems!.... L'insensée! ne sait-elle pas que le peuple a déchiré le voile qui couvrait ses turpitudes? Ne sait-elle pas que, dans sa justice vengeresse, il a prononcé son arrêt de mort? Ne sait-elle pas que le fleuve des révolutions ne remonte pas vers sa source? Qu'importent toutes ces considérations à cette caste incorrigible!.... elle court à sa perte; mais avant d'expirer, il faut qu'elle jonche la terre de débris!.... ce sont les convulsions d'une douloureuse agonie.....

Nous touchons à une catastrophe : César, élu dictateur perpétuel avec le titre d'*empereur* (général d'armée), était à la veille de mettre à exécution les vastes plans qu'il avait conçus, quand il fut assassiné (le 15 mars, 44 ans avant J.-C.) de vingt-trois coups de poignards que lui portèrent, en plein sénat, Cassius, Brutus, Cimber, Trébonius, Dollabella et autres partisans de Pompée, qu'il avait eu le tort d'accueillir trop légèrement et de combler de bienfaits; ils appartenaient tous au parti patricien : César ignorait sans doute que cette classe n'était pas oublieuse de sa nature; que par conséquent lui faire du bien, c'était réchauffer des serpens dans son sein.

Nous venons de préconiser César, sans soutenir pour cela qu'il fût sans défauts. Comme nous nous défions un peu de tout ce qu'on a écrit sur son compte, nous n'avons accueilli qu'avec réserve le blâme qu'on a attaché à certaines de ses actions. Pour notre compte, nous conviendrons que l'imputation d'avoir aspiré à la royauté nous semble dénuée de fondement : la dictature perpétuelle lui en donnait assez le pouvoir, sans qu'il songeât à s'attirer l'animadversion publique en prenant un titre en horreur aux Romains; il était d'ailleurs trop rusé politique pour se tromper d'une manière aussi grossière. Certes, le réformateur du calendrier, la tête puissante qui avait projeté de percer l'isthme de Corinthe, de creuser un canal de Rome à Circium, près de Terracine, de dessécher les Marais-Pontins, de nettoyer le port d'Ostie, de bâtir dans cette ville de vastes arsenaux pour la construction des navires, surtout l'homme d'état ennemi de l'aristocratie, l'ami du prolétaire qu'il avait admis dans les rangs de son armée, a droit à nos éloges ; mais nous ne l'en blâmerons pas moins d'avoir trop écouté la passion des conquêtes et celle des femmes; d'avoir sacrifié à un préjugé anti-égalitaire, anti-raisonnable, anti-religieux, en souffrant qu'on plaçât sa statue dans le Capitole, à côté de celle de Jupiter, avec cette inscription, *à César, demi-dieu;* d'avoir menti aux principes de la démocratie, en usurpant la dictature perpétuelle ; car si nous convenons que la dictature est quelquefois nécessaire, nous estimons qu'elle doit être temporaire, c'est-à-dire, qu'elle doit finir avec les circonstances qui l'ont rendue indispensable : sur ce dernier point, César est donc coupable d'avoir attenté à la souveraineté du peuple.

L'aristocratie ne recueillit pas, de l'assassinat de César, le bénéfice qu'elle en espérait ; elle eut beau entasser sophismes sur sophismes pour alléguer qu'elle avait agi dans l'intérêt général, calomnies sur calomnies contre la mémoire du dictateur, tous ces sophismes, toutes ces calomnies restèrent sans crédit et vinrent échouer contre le bon sens des masses qu'une longue et cruelle expérience avait enfin désillusionnées, surtout quand le consul Antoine, ayant fait apporter sur la place publique le corps sanglant de la victime, eut retracé en traits pathétiques les victoires et les qualités éminentes de Jules-César ; surtout quand il eut donné lecture de son testament, par lequel il donnait ses jardins au peuple romain, et à chaque citoyen individuellement trois cents sesterces (70 ou 80 f. environ de notre monnaie), par lequel il avait adopté pour fils et institué pour son principal légataire Brutus, un de ses assassins, dans le cas où Octave, fils de sa nièce, viendrait à mourir sans postérité. Dans ce moment, la multitude, indignée, exaspérée, se porta vers les maisons des meurtriers, auxquels, dans sa fureur, elle aurait fait un mauvais parti, s'ils ne s'étaient enfuis précipitamment de Rome pour se retirer dans les divers gouvernemens de province qu'ils avaient eu la précaution de se faire adjuger par le sénat lorsqu'il était placé sous l'impression récente de cet épouvantable forfait.

Octave, à peine âgé de dix-huit ans, s'empressa de venir à Rome revendiquer l'héritage et le nom de son grand oncle. Circonvenu par Cicéron, qui désirait profiter de son inexpérience pour l'attirer dans le parti des grands, il fut assez adroit pour capter, par son crédit, l'appui du sénat. Échappant aussi aux piéges d'Antoine, il sut, avec adresse, le rendre odieux au peuple, dont il acquit la confiance en demandant, contrairement à l'avis de ce personnage, l'exécution du testament de César, et en vendant, pour acquitter son legs en faveur de la classe peu fortunée, son propre patrimoine, les terres de sa mère et celles de son beau-père : s'apercevant ensuite que le sénat ne l'avait ménagé que pour se défaire d'un ennemi bien plus redoutable, en ayant reçu un affront (1) qu'il lui était impossible de tolérer, il se réconcilia avec Antoine. Ils s'adjoignirent Lépidus, général romain, ancien lieutenant de César ; dans une conférence qu'ils tinrent tous les trois (43 ans avant J.-C.) dans une petite île déserte située sur la rivière de Panare, près de Modène, ils formèrent une espèce de triumvirat, et se partagèrent l'empire. Octave et Antoine, sur le point de s'éloigner de Rome pour combattre les assassins de César, songèrent à mettre le patriciat dans l'impossibilité de rien entreprendre contre eux pendant leur absence ; le meilleur moyen était d'abattre les têtes de ceux qui passaient pour en être les chefs : c'est ainsi que Cicéron, Thoranius, Plautius, Quintus, Paulus et beaucoup d'autres furent sacrifiés aux dures exigences de la politique : telles sont souvent les nécessités des révolutions ; *il faut écraser ses adversaires pour n'être pas écrasés par eux !* nécessités cruelles que nous déplorons, et que la sûreté des masses exige quelquefois ; ô humanité ! couvre-toi d'un voile en

---

(1) L'un des consuls ayant été tué et l'autre grièvement blessé dans deux combats livrés coup sur coup à Antoine, Octave était de droit commandant de l'armée victorieuse : au contraire, le sénat lui préféra Décimus-Brutus dans ce commandement.

ces instans critiques! Honneur aux hommes purs et dévoués que l'intérêt général guide dans ces mesures! Mais aussi, honte à ceux auxquels des vengeances particulières servent de mobile! Ici, évidemment des vues privées se cachaient sous le masque du salut populaire.

Après ces exécutions, Antoine et Octave marchèrent vers la Macédoine pour venger la mort de César. L'armée de Brutus et de Cassius se rencontra avec celle des deux triumvirs dans les champs de la ville de Philippe, sur les limites de la Macédoine et de la Thrace, où elles en vinrent aux mains. La victoire s'étant déclarée contre eux, Brutus et Cassius se donnèrent la mort pour ne pas survivre *à la liberté de Rome*, c'est-à-dire à la ruine du patriciat; on les appela *les derniers Romains :* va, Rome, ne les regrette pas ces Romains! l'aristocratie est en deuil : entonne un champ de triomphe; trop heureuse si tu pouvais de même enterrer incessamment le despotisme de ces empereurs ignares et atroces que nous allons rencontrer sur nos pas!...... hélas! pas de sitôt..... ; le progrès est l'œuvre des siècles et ne s'accomplit pas en un jour! Ne semble-t-il pas que la conquête de l'égalité sainte, cette fille du ciel, doive être chère aux hommes en proportion du sang, des larmes, des vicissitudes sans nombre qu'elle a coûtés à l'humanité?

L'intérêt politique avait réuni Octave avec Lépide et Antoine; le même intérêt politique le sépara d'eux. Agrippa, son lieutenant, avait chassé le jeune Pompée de la Sicile, où celui-ci l'inquiétait en infestant les côtes de l'Italie. N'ayant plus rien à craindre de ce côté, il porta toute son attention à se défaire de ses deux collègues. Pour Lépidus, ce ne fut pas chose difficile : il fut abandonné de ses soldats par les menées d'Octave, et réduit depuis lors à mener une vie si misérable, qu'il devint un objet de pitié même pour ses plus grands ennemis. Antoine, maître d'une grande partie de l'Asie et de l'Égypte, avec des rois puissans pour alliés, d'ailleurs capitaine expérimenté et possédant l'affection de ses troupes, aurait pu lui disputer l'empire avec succès, si, aveuglé par une passion insensée pour la reine d'Égypte, Cléopâtre, il n'eût pas négligé les affaires publiques. Son rival, dont l'activité ne s'endormait pas, utilisa cette apathie pour établir son autorité à Rome et dans le reste de l'Italie. Enfin la bataille navale d'Actium trancha (l'an 31 avant J.-C.) la question. Au plus fort de l'action, et lorsque la victoire était encore indécise, Cléopâtre prit la fuite avec soixante vaisseaux lui appartenant; alors Antoine, n'écoutant plus que son violent amour, oubliant ses devoirs de général en chef, déserta le combat et vogua vers l'Égypte pour rejoindre sa maîtresse. Octave l'y poursuivit. Antoine, trahi par la reine d'Égypte, qui lui fit donner le faux avis de sa mort, se tua de désespoir au printems de l'année qui suivit la défaite d'Actium. Cléopâtre, ayant inutilement essayé le pouvoir de ses charmes, sur le cœur insensible d'Octave, se donna la mort à son tour par divers moyens sur lesquels les auteurs ne s'accordent pas.

L'Égypte et la Syrie étaient devenues provinces romaines; l'Asie-Mineure et la Grèce avaient reconnu le vainqueur ; les rois de Judée, d'Arménie, des Parthes lui avaient député des ambassadeurs pour solliciter sa protection ; il avait confirmé Hérode dans sa royauté sur la Judée, et donné la régence de la Mauritanie à Juba, fils du roi Basius ; l'aristocratie était morte ou trop flétrie pour être susceptible de lui inspirer la moindre inquiétude ; trop habile pour prendre le nom de roi, parce que ce nom choquait les idées nationales, ni celui de dictateur perpétuel auquel il attribuait la perte de son oncle, il n'en gouverna pas moins despotiquement en cumulant sur sa tête (l'an 29e avant J.-C.), avec le titre d'Auguste que la flatterie de ses courtisans lui avait décerné, et avec celui d'empereur dont la signification primitive fut ainsi modifiée, les charges de souverain pontife, de consul, de tribun, de censeur, la qualification de père de la patrie : quelle dérision !

Bientôt, par les soins d'Auguste, l'abondance renaît, le commerce et l'industrie se développent, les arts et les sciences fleurissent, grâce à la protection éclairée de Mécènes, l'ami et le ministre de l'empereur ; deux grands maîtres en poésie, Virgile et Horace, célèbrent les bienfaits *et les vertus* du monarque, sinon avec indépendance, du moins avec esprit; enfin, le petit neveu de César parvient au zénith de la gloire et de la puissance : « Il (Bos-
» suet, *Hist. univ.*) dompte, vers les Pyrénées,
» les Cantabres et les Asturiens révoltés; l'Éthiopie
» lui demande la paix ; les Parthes épouvantés lui
» renvoient les étendards pris sur Crassus, avec
» tous les prisonniers Romains ; les Indes recher-

» chent son alliance; ses armes se font redouter
» des Rhètes ou Grisons ; la Pannonie le reconnaît;
» la Germanie le craint, et le Weser reçoit ses
» lois; victorieux par mer et par terre, il ferme le
» temple de Janus (1). » Pendant son règne, un seul revers l'afflige, mais il est cuisant : trois légions commandées par Varus, sont exterminées en Germanie (2); il meurt au sein d'une paix profonde (vers l'an 14 de notre ère), à l'âge de soixante-seize ans, laissant à ses héritiers une immense unité. L'empire romain, à la mort d'Auguste, avait pour limites le grand désert de Sahara, au sud ; l'Océan-Atlantique, à l'ouest; l'Euphrate, à l'est; le Rhin et le Danube, au nord.

Auguste avait commencé par être cruel, parce que son intérêt le lui prescrivait; il affecta dans la suite la douceur et la modération dans le même intérêt : dans le but de se maintenir au pouvoir souverain. Lâche, dissolu, cauteleux, il n'eut aucune des vertus de César auquel il aspirait à ressembler; s'il triompha de ses concurrens, il le dut autant, pour le moins, au courage et aux talens de ses généraux et de ses conseillers, qu'à son mérite personnel; s'il écrasa complètement l'aristocratie, il était loin d'avoir en vue le bonheur de l'humanité, et il ne faut pas lui en savoir gré, parce que, dans ce dernier cas, il prouva qu'il ne travaillait que pour

---

(1) A Rome, le temple de Janus était ouvert en tems de guerre et fermé en tems de paix.

(2) Auguste, dans un accès de violent désespoir, se frappait la tête contre les murs de son palais, en proférant ces mots : *Varus, rends-moi mes légions!*

lui, en ne fondant pas, comme il aurait pu le faire, une république assise sur l'égalité, en étayant, au contraire, son gouvernement d'un doucereux despotisme, d'autant plus dangereux, qu'il était masqué sous un vain simulacre de liberté : désormais donc le peuple sera encore esclave, avec cette différence qu'il échangera le joug de plusieurs contre celui d'un seul à qui tout se rapportera : honneurs, fortune, puissance, gouvernement ; d'un seul qu'un entourage de fripons, de fourbes, de méchans circonviendra, trompera, dirigera dans une carrière d'égoïsme et de pusillanimité : mais peu importe ! le foyer du progrès ne s'éteindra pas ; quand des mains impures et mal habiles auront saisi les rênes de l'état, ainsi que cela arrivera fréquemment ; quand le peuple, ne vouant que haine et indifférence à des empereurs mous, dépravés, dépourvus même d'une ombre de capacité, défendra faiblement un ordre de choses dont la conservation lui importera fort peu ; alors l'empire, miné dans son essence par un désolant système de corruption, offrira une proie riche et facile aux nations barbares et ennemies de Rome, qui l'attaqueront de toutes parts, le mettront en lambeaux, et continueront sur un autre plan le grand œuvre de la civilisation.

Le siècle que nous venons de parcourir mérite d'être examiné sérieusement : l'empire romain, parvenu, malgré des déchiremens intérieurs, à sa plus haute élévation, a modifié sensiblement sa constitution gouvernementale ; l'étude des sciences a conduit à des résultats éminemment utiles ; à l'invention de la tachygraphie par Cicéron ; à l'appréciation des lois du flux et du reflux par Passidonius, qu'on voit encore essayer de mesurer la circonférence de la terre; à la réforme du calendrier par Sosigène; à l'usage des codiciles par Auguste; à la découverte des mines de mercure à Almaden en Espagne; à celle du cycle lunaire ou nombre d'or (1). Ce siècle, appelé siècle d'Auguste, est principalement remarquable par la foule de génies supérieurs qu'il a enfantés : les Jules-César, les Cicéron (2), les Hortensius (3), les Catulle, les Tibulle, les Properce, les Ovide, les Salluste, les Tite-Live, les Cornélius-Népos, et une infinité d'autres dont les noms nous échappent, au milieu desquels brillent d'un immortel éclat deux magnifiques poètes que nous encenserions sans restriction, si, moins obséquieux, ils ne s'étaient pas agenouillés trop servilement devant l'idole : l'enjoué, le sentimental Horace, ce digne successeur d'Anacréon, tirant de sa lyre des accens mélodieux en l'honneur des plaisirs de la table, et de philosophiques rêveries sur la manière la plus agréable d'embellir les courts instans de la vie; ce génie solide, justement appelé le poète de la raison; le gracieux Virgile, cet élégant héritier *des dépouilles d'Homère*, remontant aux désastres d'Ilium pour assigner à sa patrie

---

(1) Le cycle lunaire est une révolution par laquelle, chaque dix-neuvième année, les lunaisons reviennent à peu près aux mêmes jours des mois.

(2) Si nous nous sommes montrés sévères pour la conduite politique de Cicéron, nous n'en rendons pas moins hommage à ses connaissances : il cultiva la philosophie, l'éloquence et les lettres avec un égal succès.

(3) L'ami et le rival en éloquence de Cicéron; ses ouvrages ne sont pas parvenus jusqu'à nous.

une origine revêtue d'une antique auréole de gloire ; cet émule de Théocrite et d'Hésiode, dont la diction, simple, suave, mélancolique, peint avec une grâce enchanteresse les vergers, les prairies, les amours d'Amaryllis, les douceurs et les pratiques de la vie champêtre.

Si nous n'avions pas à nous entretenir de Jésus-Christ, nous ne nous arrêterions presque pas sur le premier siècle de notre ère; le cœur de l'homme de bien est trop vivement affecté par les turpitudes des empereurs de la famille d'Auguste, pour insister sur des monstres de cette espèce. Ne pouvant nous résoudre à attribuer tant de perversité à la nature humaine, nous nous plaisons à penser que les historiens de cette époque, tous plus ou moins engoués des anciennes formes de la république aristocratique, auront chargé le tableau en mettant sur leur compte beaucoup de méfaits auxquels ils sont étrangers, ou en défigurant la gravité des motifs par lesquels ils auront été portés à les commettre, méfaits que leur cynisme et leur atrocité même nous portent à révoquer en doute : ne semble-t-il pas d'ailleurs que pour dégoûter d'un despotisme d'autant plus avilissant qu'il se couvrait du manteau d'une légalité bâtarde, sanctionnée par le vote d'un sénat servile, il fallait qu'un Tibère (1), tyran soupçonneux et cruel, instigateur secret de l'empoisonnement de Germanicus son

---

(1) Tibère, fils de Livie, femme d'Auguste, et adopté par lui, mourut à l'âge de soixante-douze ans, étouffé sous des matelas, par Macron, préfet du prétoire.

neveu (1), rendît l'île de Caprée le théâtre de ses sales voluptés et de ces infâmes délations personnifiées dans la race sénatoriale, dont Séjan, le plus illustre d'entre les délateurs, était la plus adroite, la plus active, la plus fidèle expression ; il fallait qu'un Caligula (2), prodige de scélératesse et de corruption, associât la folie avec une humeur sanguinaire ; il fallait qu'un Claude (3), stupide jouet d'une Messaline impudique, d'une Agrippine ambitieuse, intrigante, scélérate, et d'autres favoris ignobles, étalât son imbécille nullité sur un trône que le hasard lui avait procuré ; il fallait qu'un Néron (4), souillé du sang de sa mère, de son frère, de ses deux gouverneurs, Burrhus et Sénèque, ainsi que d'une multitude de Romains distingués, prostituât la pourpre des Césars en lui accolant la robe de l'histrion ; il fallait que tous ces

---

(1) Germanicus, vainqueur des Germains, se faisait adorer de ses soldats : c'en était assez pour exciter la jalousie de Tibère. Pison, gouverneur de Syrie, accusé d'avoir empoisonné ce prince, périt de mort violente pour avoir obéi trop aveuglément aux ordres de son maître.

(2) Caligula, fils de Germanicus, méprisait le sénat à un tel point, qu'il demanda à ce corps la dignité de consul pour son cheval. On dit qu'ayant perdu sa sœur, qu'il plaça alors au rang des déesses, il décréta que ceux qui la pleureraient seraient punis parce qu'elle était une divinité, et que ceux qui ne la pleureraient pas seraient punis parce qu'elle était sa sœur : poignante ironie !... Caligula fut assassiné par Chéréa, tribun d'une cohorte prétorienne.

(3) Claude mourut empoisonné par sa femme Agrippine. La manière dont il acquit le trône mérite d'être signalée : dans le tems que le sénat délibérait pour nommer un empereur, « quelques soldats (Montesquieu, *Grandeur et Décadence des Romains*) entrèrent dans le palais pour piller ; ils trouvèrent dans un lieu obscur un homme tremblant de peur : c'était Claude ; ils le saluèrent empereur. »

(4) Néron, fils d'Agrippine, que Claude avait épousée veuve d'un premier mari, dut à l'adoption de son oncle de tenir les rênes

abominables tyrans expirassent de mort violente, frappés, si l'on peut s'exprimer ainsi, par la malédiction terrible d'une providence irritée de leurs scandaleux débordemens.

Quand Jésus Christ entra dans le monde (vers la fin du règne d'Auguste), le polythéïsme, dans toute sa splendeur, avait produit tout ce qu'il pouvait produire. La pompe de ses fêtes, les charmes de la poésie, l'adresse des prêtres et des gouvernans, intéressés à cacher la vérité pour perpétuer leur empire, avaient jusqu'alors rendu sacrées et respectables les institutions qu'il avait enfantées. La philosophie introduisant le doute et l'athéïsme, l'admission à Rome d'une myriade de Dieux étrangers répandant la confusion, avaient porté une rude atteinte à des croyances religieuses devant lesquelles ne s'inclinait plus avec respect que l'ignorance encroûtée des antiques dogmes d'une religion à laquelle les passions, les faiblesses et les affections humaines, la haine, la crainte, la reconnaissance, l'amour, l'amitié, le plaisir, avaient donné la multiplicité de ses dieux. Comme tout s'enchaîne dans l'ordre social, comme la religion est intimement liée à cet ordre social, de même que Platon, Aristote, Socrate, Zénon, etc., avaient

---

de l'empire qui ne lui appartenait pas, selon la constitution de l'état, à l'exclusion de Britannicus, fils légitime de l'empereur; après un règne des plus dissolus et des plus sanguinaires, nous assure-t-on, il fut réduit, n'étant âgé que de trente ans, à se tuer lui-même pour échapper à la vengeance publique : on ne sait comment concilier cette assertion avec les regrets que le peuple manifesta à la nouvelle de sa mort! Raison de plus pour nous méfier de la véracité de ceux qui ont écrit l'histoire de cette période.

ébranlé par leurs doctrines la société grecque, de même Caton, Brutus, Lucrèce, Cicéron et certains autres, en suivant leur exemple, contribuèrent à la rénovation de la société ; leurs systèmes philosophiques pénétrant insensiblement dans les cœurs, il s'en était suivi une indifférence apathique en matière de culte, et cette indifférence avait préparé les esprits avides d'émotions fortes à recevoir des impressions consolantes.

D'un autre côté, le peuple romain s'était jeté à corps perdu au milieu des discordes civiles, croyant y trouver un adoucissement à ses maux, et cet adoucissement s'était enfui comme un songe flatteur remplacé au réveil par une triste réalité. Qu'avait-il gagné le peuple à tant de bouleversemens ? Il avait prodigué ses sueurs et son sang pour conquérir des droits et un bien-être à un petit nombre, car aux patriciens avaient succédé les riches ; aux riches, les chefs d'armée ; enfin, à ces chefs, les empereurs, tandis que lui végétait dans une abjection d'autant plus cuisante, qu'il avait incessamment devant les yeux le tableau des rudes combats qu'il avait eu à soutenir pour édifier un ordre de choses où il ne trouvait aucun profit : ici encore un vide affreux ; mais, ô puissance du progrès ! ce vide même aplanissait la voie aux théories destinées à changer la face de l'univers, théories éminemment consolatrices, puisqu'elles apprenaient à souffrir.

Quel est donc ce novateur à la parole éloquente, moelleuse et figurée, au regard inspiré, aux gestes significatifs, aux vues hardies, au génie précoce et transcendant ? Est-ce un prince ou un roi ? Est-ce un riche ou l'illustre héritier de quelque noble race? Est-ce un savant dès long-tems connu dans les arts et dans les sciences, se présentant sous le patronage imposant *des grands et des superbes*? Appartient-il du moins *à la nation souveraine*? Ce n'est rien de tout cela : c'est simplement le fils de Joseph et de Marie, et Joseph et Marie sont Juifs, peuple haï et méprisé des autres peuples ; c'est un enfant habile à couvrir, sous les traits d'une rare modestie, les éclairs d'une imagination puissante ; c'est un jeune homme pauvre se plaisant de préférence dans la société *des petits, des simples, des infortunés ;* en un mot, c'est l'apôtre de l'égalité, c'est le Christ !

Nos lecteurs ne s'attendent pas sans doute à nous voir débrouiller le chaos d'une légende composée d'un merveilleux oriental, enveloppée de mystères absurdes, remplie de miracles imaginés pour la plupart après coup ; ils ne s'attendent pas non plus à nous voir expliquer sur des hypothèses et sur le degré de confiance qu'on peut ajouter à l'histoire de cette existence semée d'affliction et d'amertume, dans laquelle une imagination maladive paraît s'être complue à accumuler le tableau de toutes les misères qui affligent l'humanité ; nous nous contenterons, tout en acceptant la vie du Christ comme une certitude, de faire observer qu'il fut regardé, même par ses contemporains, comme un bon citoyen, passionné pour le bonheur de ses semblables, et qu'il chérissait sa patrie quoiqu'elle le payât d'ingratitude.

Certes, nos opinions, en fait de révélation, sont assez connues pour nous dispenser d'une nouvelle

appréciation ; certes, nous ne soutiendrons pas qu'il soit exempt de reproches ce Jésus-Christ si gigantesquement prôné par des bouches chrétiennes, ne craignant pas de mentir à la vérité, et poursuivant lui-même son apothéose, en se donnant comme un dieu, comme une émanation sainte de la sagesse éternelle de celui qui l'a envoyé ; de ce Jésus-Christ mêlant des préceptes de liberté à des préceptes de tyrannie, outrant les notions du juste et de l'injuste pour étonner et pour capter les convictions ; nous n'accéderons jamais à l'avis de tromper les hommes pour les éclairer, parce que ce moyen est à nos yeux immoral et peu propre à atteindre le but désiré ; mais aussi que de motifs d'excuse n'aurait-on pas à alléguer en faveur du fils de Marie ? Les circonstances au milieu desquelles il vivait, l'abrutissement des masses, le despotisme des gouverneurs de l'empire, tous les obstacles qu'il avait à surmonter, lui commandaient peut-être une fiction jusqu'à un certain point nécessaire. Que de qualités réunies en sa personne ont dû concourir à accréditer une erreur salutaire à laquelle il fut loin d'avoir toute la part qu'on lui attribue ! « Si, dit Châteaubriand, dans
» son *Essai sur les révolutions*, la morale la plus
» pure et le cœur le plus tendre, si une vie passée
» à combattre l'erreur et à soulager les maux des
» hommes, sont les attributs de la divinité, qui
» peut nier celle de Jésus-Christ ? Modèle de toutes
» les vertus, l'amitié le voit endormi sur le sein de
» Jean, ou léguant sa mère à ce disciple chéri ; la
» tolérance l'admire avec attendrissement dans le
» jugement de la femme adultère : partout l'amitié

» le trouve bénissant les pleurs de l'infortuné ; dans
» son amour pour les enfans, son innocence et sa
» candeur se décèlent ; la force de son ame brille au
» milieu des tourmens de la croix, et son dernier
» soupir dans les angoisses de la mort est un soupir
» de miséricorde. » Ainsi, loin de nous associer
à ce concert de blâme et de calomnie, par suite
duquel il fut condamné comme un vil scélérat, nous
estimons que la mission du Nazaréen fut on ne peut
plus civilisatrice, et sauva la société du déluge
effroyable où, sans lui, elle eût été infailliblement
engloutie par les irruptions des barbares.

Né dans l'indigence, il s'adresse principalement
à ceux dont il connaît et apprécie les souffrances.
Prêchant la charité, la miséricorde, l'égalité devant
Dieu, il s'attire bientôt de nombreux prosélytes
parmi les hommes accablés sous le poids de leurs
misères, torturés, écrasés, pressurés sous la verge
de fer d'une poignée de familles privilégiées ; il se
fait des ennemis implacables parmi les heureux
favoris de la richesse, grands monopoleurs des
emplois publics et salariés. Dans les temples, dans
les synagogues, sur les places publiques, il élève
une voix amie de l'humanité ; il réclame la rédemption de la chair ; on se presse à ses conférences ;
on l'écoute, on l'admire, car c'est le fils de Dieu
qui s'est transformé en homme pour racheter les
péchés des hommes ; c'est le divin interprète des
oracles du Dieu son père qui l'a chargé *de porter la
parole de vie au milieu des Gentils.* Aux dépravés,
il parle de bonnes mœurs ; aux despotes, des droits
attachés à la nature humaine, droits qu'il n'est pas

permis de transgresser impunément ; aux tyrans, de justice ; aux ames énervées, de force et de courage ; aux orgueilleux, d'humilité ; aux délaissés, d'espérance et de résignation ; aux esclaves, d'affranchissement ; aux riches, du compte qu'ils auront un jour à rendre de l'emploi de leur fortune ; enfin, il tonne contre tout ce qui énerve, abrutit, déshonore ; il exalte tout ce qui enhardit, rehausse, améliore ; génie consolateur dans un siècle de corruption et d'égoïsme, il montre à la multitude le néant et la vanité des choses humaines en comparaison du bonheur réservé dans le ciel à celui dont la vie sans taches aura été consacrée à la pratique de la bienfaisance et de la vertu. Tant de généreuses intentions le rendent odieux aux Pharisiens, aristocrates de la Judée, dont il démasquait l'hypocrisie. Aussi, noirci par eux aux yeux du peuple, sa vie n'est qu'un long tissu de persécutions ; à la fin, juridiquement condamné par Pilate, gouverneur du pays, il est attaché à une croix où il expire du supplice des criminels ; mais la sentence n'est pas ratifiée par la postérité, et le monogramme d'*Jnri*, ce monogramme inscrit par dérision sur la tête de la victime, devient le signal de la rédemption du monde ; et les juges, jugés à leur tour au tribunal de l'histoire, y comparaissent dépouillés du prestige de leur puissance, n'échappant à l'oubli de la tombe qu'en vouant à la longue file des siècles l'horreur d'un forfait entaché d'une honteuse célébrité.

L'ère aujourd'hui généralement adoptée date de la naissance du Christ ; c'est celle que nous suivrons. Maintenant nous entrevoyons la fin de la première partie de notre œuvre, et nous allons embrasser d'un coup d'œil les cinq siècles qu'il nous reste à parcourir pour terminer l'histoire ancienne.

Les règnes de Tibère, de Caligula, de Claude, de Néron, d'Othon, de Galba, de Vitellius, de Vespasien, de Titus, de Domitien, de Nerva, nous transportent à la fin du premier siècle. A la mort de Néron, la constitution de l'état était devenue purement militaire; alors la couronne impériale, apanage exclusif de la famille d'Auguste, avec le concours plus ou moins direct du sénat et de ces gardes prétoriennes instituées par le chef de la dynastie, fut donnée et retirée selon les caprices des légions, oublieuses des devoirs de l'ancienne discipline, composées en grande partie de barbares dont la paie, s'augmentant à chaque changement, accrut une influence déjà trop considérable : cet état de choses, source de guerres civiles, ne contribua pas peu à la dissolution de l'empire; une longue succession de tyrans électifs, à chaque instant renouvelés, engendra une oppression intolérable sans cesse variée selon le caractère, les mœurs, le pays du précaire possesseur de la pourpre. A Othon, à Galba, à Vitellius, empereurs d'un moment, faits et défaits par les soldats même agens de leur élévation, les légions de Syrie avaient substitué Vespasien. Son règne fut prospère, mais sa raison ferme et éclairée ne l'empêcha pas d'exclure de Rome les philosophes Démétrius le cynique, Damis le pythagoricien, Épictète le stoïcien, Lucien l'épicurien, etc., etc. : tant les meilleurs princes redoutent le droit d'examen! Cet exemple eut, quelque tems après, Domitien pour imitateur : les philosophes allèrent chercher, à l'extrémité des Gaules, jusque dans les déserts de la Lybie et chez les Scythes, une liberté d'opinion qu'ils ne pouvaient pas trouver dans la patrie de la civilisation. Un d'eux, Apollonius du Tiane, n'avait pas craint, par la hardiesse de ses réponses et par la rudesse de sa franchise, de blesser l'ombrageuse susceptibilité de Domitien, monstre aussi farouche mais plus timide que Néron, dont sa femme Domitia et ses affranchis les plus chers délivrèrent la terre, dans la crainte d'être victimes de ses méfiances dangereuses pour les objets de sa haine et de son amitié ; avant de commettre cet assassinat, ils avaient jeté les yeux sur Nerva, vieillard vénérable, digne de la reconnaissance des hommes pour avoir puni les délateurs, vermine pestilentielle qu'on avait vue pulluler depuis le règne d'Auguste, et pour avoir aboli le crime de lèse-majesté, crime élastique dont les empereurs de la vieille Rome, en ce point semblables à la plupart des princes de nos tems modernes, s'étaient servi pour alimenter et grossir leurs trésors, pour se défaire de tous ceux dont le mérite leur portait ombrage. Titus, prédécesseur de Domitien, célèbre pour avoir, du vivant de son père Vespasien, pris et saccagé Jérusalem, démoli son temple, égorgé ou dispersé ses habitans ; Titus, surnommé, à cause de ses vertus, *l'amour et les délices du genre humain;* Titus, qui considérait sa journée comme perdue *quand il n'avait fait du bien à personne*, Titus, a laissé une tache à sa mémoire en n'éloignant pas du trône un frère dont il devait connaître les vices. Au commencement du règne de Titus, vers l'an 79me, arriva la première éruption du Vésuve, volcan distant à peine de trois lieues de la ville de Naples; elle eut des suites désastreuses, car elle engloutit les villes d'Herculanum, de Stabie, de Pompéïa; le naturaliste Pline-l'Ancien y perdit la vie.

Durant cet intervalle apparaissent les premières irruptions des peuples barbares; quoique ces tentatives leur réussissent mal, ils n'en persistent pas moins : un secret instinct de civilisation les pousse à l'assaut du Capitole; la fertilité des provinces de l'empire et l'appât d'un riche butin, sont les principaux mobiles de leurs attaques. Les Frisons et les Ansibares, nos ancêtres, veulent occuper le terrain que les Romains laissent en friche sur les bords du Rhin; ils sont repoussés par Corbulon, général de Néron. Les Sarmates-Rhoxolans éprouvent le même sort sous Othon. Pendant que Vespasien dispute l'empire à Vitellius, les Daces attaquent sans succès la Mœsie, grâce à l'habileté de Mucien; profitant d'une époque de confusion, les Bataves se révoltent aux instigations du Gaulois Civilis; les Germains, ses alliés, se permettent d'insulter les provinces romaines. Enfin, Domitien est battu dans la Germanie par les Quades et les Marcomans; bien plus, cet empereur, après avoir acheté la paix de Décibale, chef des Daces, moyennant une redevance annuelle, ne rougit pas de s'adjuger les honneurs du triomphe avec le surnom de *Dacique* : quel vainqueur! Domitien établit un triste précédent : les barbares ne manquèrent pas de tirer, de la faiblesse des empereurs, de nouveaux tributs en occupant leurs provinces, ou sur la simple menace de leur faire la guerre; peu scrupuleux, ils trahissent souvent leur foi, mettant à un très haut prix des traités si lucratifs, qu'ils n'étaient pas dans l'intention de tenir.

Trajan, déjà associé à l'empire du vivant de Nerva, dont l'âge avancé avait réclamé cet appui vigoureux, était né en Espagne. A peine son père adoptif fut-il descendu dans la tombe (vers l'an 98) qu'il donna essor à son caractère guerrier. Bien loin de continuer à payer tribut à Décibale, il lui fit la guerre, le vainquit, et incorpora la Dacie (1) à l'empire. Jaloux de laver dans le sang des Parthes l'affront imprimé aux armes romaines par la défaite de Crassus, il les attaqua, les subjugua et leur imposa un roi. Suze et Clésiphon lui ouvrirent leurs portes : l'Arménie, la Mésopotamie, l'Assyrie reconnurent ses lois ; s'avançant jusqu'au-delà du Tigre, et descendant au golfe persique, il contempla la mer des Indes ; il mourut respecté des peuples voisins tremblant au bruit de ses exploits, à Sélinonte, surnommée Trajanopolis. Trajan, protecteur de l'industrie et du commerce, fit élever de superbes monumens, entr'autres cette magnifique colonne admirée de l'antiquité, de laquelle on ne peut trouver un pendant qu'en descendant à notre époque. Malgré tant de hauts faits, on serait en droit de reprocher à ce prince d'avoir trop aimé la gloire ; ses conquêtes furent au fond plus nuisibles

---

(1) La Dacie comprenait la Transilvanie, la Valachie, la Moldavie et une partie de la Hongrie.

qu'utiles en détruisant un peuple qui garantissait Rome de l'agression des Goths ; ses goûts fastueux épuisaient les ressources publiques ; son triomphe sur les Daces coûta des sommes énormes ; il fut célébré à Rome d'une manière aussi horrible que dispendieuse ; onze mille animaux de différentes sortes furent immolés en sacrifice, et pendant cent vingt-trois jours, dix mille gladiateurs fournirent à des assistans avides d'émotions sanguinaires, l'affreux spectacle d'hommes se déchirant et s'égorgeant entre eux dans les jeux du cirque : coutume féroce et hideuse, auparavant tolérée, autorisée même par les Vespasien et les Titus, dont l'humanité, à la honte de ces tems, a trouvé de nombreux panégyristes, et pas un seul contradicteur.

A Trajan succéda (l'année 117me) Adrien, aussi Espagnol de naissance, gouverneur de Syrie, à la tête d'une nombreuse armée. Il commença par abandonner les conquêtes de Trajan, acte qu'on lui a imputé à jalousie et à faiblesse ; ignorant les probabilités de pareilles imputations, nous sommes portés à décider que l'empire romain se précipitant vers sa ruine par un accroissement indéfini de provinces sans lien et sans unité entr'elles, Adrien agit sagement en prenant l'Euphrate pour limites. Compatissant pour les esclaves, il adoucit leur sort en enlevant aux maîtres le droit de vie et de mort sur eux ; sensible aux misères du peuple, il le soulagea en partie en l'exemptant de ce qu'il devait au fisc depuis seize ans ; quoique haïssant les chrétiens, il n'en rendit pas moins un rescrit par lequel il ordonnait de ne pas s'écarter à leur égard des règles de la procédure ordinaire. Bon administrateur, il aimait la justice, et il employa treize années de son règne à parcourir les provinces de son vaste empire, afin de reconnaître par lui-même leurs besoins, et de remédier promptement aux abus : *un souverain,* disait-il, *doit, semblable au soleil, éclairer toutes les parties de son empire.* Presque partout il laissait des traces de son passage, en élevant des monumens de toute espèce, des amphithéâtres, des villes, des temples, des statues, notamment dans les Gaules, qu'il enrichit des arènes de Nîmes, du pont du Gard, et de plusieurs voies romaines ; et dans l'Orient, où il dota richement le musée d'Alexandrie. On reproche à Adrien d'avoir persécuté quelques-uns de ses amis, d'avoir fait périr plusieurs sénateurs sous l'accusation assez vague de conspirer contre sa personne, de n'avoir pas eu la force de se soustraire à une petitesse d'esprit à laquelle il n'aurait pas dû sacrifier, en évitant de passer, dans le cours de ses voyages, à Italica, chétif endroit qu'il jugeait sans doute peu digne de l'avoir produit ; on lui reproche surtout d'avoir déshonoré sa vie par son infâme passion pour Antinoüs, beau jeune homme, auquel il rendit, après sa mort, des honneurs divins. Ayant fait rebâtir la ville de Béza, dans la Thébaïde, il lui donna le nom d'Antinopolis ; il ne s'arrêta pas là : Jérusalem ayant été par ses ordres relevée de ses ruines, il osa la nommer Eléa-Capitolina (1), du nom d'Elius-Vérus, un de ses mignons qu'il dési-

---

(1) Quelques Juifs, assemblés dans cette cité nouvelle, s'étant

gna même son successeur ; mais fort heureusement son jeune favori étant mort, il choisit Antonin, lui imposant pour condition d'adopter Marc-Aurèle et le fils d'Elius-Vérus, dont la vie fut très courte. Après cela il mourut à Baies, des suites d'une hydropisie, le 10 juillet 138, dans la soixante-deuxième année de son âge.

Sous le règne des deux Antonins, le peuple respira un peu. Antonin, surnommé le pieux, à cause de sa piété, chéri et respecté tant au dedans qu'au dehors, maintint pendant vingt-trois ans une paix légèrement troublée dans la Calédonie (Ecosse) seule, où (voyez Loève-Veimars, *Chronologie universelle*) « Trenmor, ancêtre de Fingal, » se rend roi du nord de l'Ecosse, en réunissant » tous les clans de Morwen : il détruit le culte des » Druides et celui d'Odin, et ne conserve des rits » scandinaves que les Bardes, auxquels ce petit » pays doit ses annales. Ce culte des Bardes était » presque celui des nuages ; les Calédoniens, dans » leurs îles brumeuses, croyaient entendre, dans « les rafales des vents, les voix de leurs amis morts » au milieu des batailles ; il leur semblait les voir » dans les tempêtes, traverser les rideaux nébuleux » qui s'élevaient du fond de leurs vallées semées de » lacs. Cette ingénieuse croyance donne un charme » inexprimable aux anciennes poésies des Bardes, » trouvées récemment en Ecosse. »

---

révoltés, Adrien envoya contre eux Sévère, un de ses meilleurs généraux ; ils furent exterminés : la Judée fut transformée en solitude, et Barcoquébas, leur chef, qui se prétendait le Messie, fut mis à mort.

Marc-Aurèle, surnommé le philosophe, parce qu'il appartenait à la secte des stoïciens, professait les principes de Zénon dans toute leur rigidité ; indulgent pour les fautes des autres, il était inflexible pour les siennes ; habitué à maîtriser ses passions, il considérait la vertu comme le bien suprême, le vice comme un mal, la guerre comme le fléau de la nature humaine ; cependant il ne craignait pas le danger quand il était injustement attaqué ; alors rien n'était capable de suspendre ses opérations militaires : ni le nombre de ses ennemis, ni la rigueur de la saison, ni la faiblesse de sa constitution : pendant huit hivers rigoureux, il campa sur les bords du Danube ; les Marcomans, les Sarmates, les Quades, nations germaines, furent battues ; enfin, succombant sous le faix de ses travaux, il mourut (l'an 180) dans la Pannonie, après un règne de dix-neuf ans, laissant la couronne à son fils Commode, qui, rappelant les turpitudes gouvernementales de Tibère, les excès des Caligula, des Néron, des Domitien, fut assassiné par Marcia, sa concubine favorite.

Sous ce dernier empereur (vers l'an 190), les peuples libres ou francs de l'Allemagne formèrent contre les Romains une ligue composée des Sicambres, des Actuariens, des Bructères, des Chamaves, des Frisons, des Saliens, des Chauques, des Ambivares ou Ambsivariens ; les Sarrasins vinrent aussi, du côté de l'Arabie, inspirer pour la première fois des inquiétudes aux Romains.

L'administration paternelle de Trajan, d'Adrien, d'Antonin et de Marc-Aurèle, donna à l'empire un lustre d'où il décrut rapidement après eux : quelle durée pouvait se promettre un état de choses ne reposant point sur des institutions véritablement populaires? La volonté absolue, quoique bienfaisante, de ces quatre empereurs n'ayant pas même l'idée de douter de la légalité de leur pouvoir usurpé, n'était-elle pas évidemment impuissante à comprimer une dégénération dont il était déjà facile d'apercevoir les germes, et Marc-Aurèle, en léguant l'empire à son fils Commode, n'aurait-il pas dû reconnaître qu'il se rendait coupable d'une faute énorme en disposant d'un bien qui ne lui appartenait pas, qu'il aurait dû regarder comme un dépôt accidentellement remis en ses mains, dont il était responsable vis-à-vis de sa patrie et de la postérité? Maintenant le gouvernement militaire va nous étaler ses plaies, et nous ne nous ferions pas faute d'assister à ce spectacle déchirant, si une voix secrète ne nous faisait entendre qu'il est urgent de sortir au plus tôt de cette fatigante monotonie de catastrophes; ainsi, nous taisant sur Pertinax, ancien conseiller de Marc-Aurèle, vieillard vénérable et pur, massacré par les gardes prétoriennes, trois mois après qu'elles l'eurent proclamé empereur; sur Didius-Julien, achetant l'empire aux soldats, déposé et condamné à mort soixante et dix jours après, pour n'avoir pu fournir le prix d'une honteuse adjudication; sur Septime-Sévère, Africain de naissance, commandant des légions d'Illyrie, gagnant la couronne sur ses compétiteurs par son activité et sa duplicité, empereur conquérant et cruel, victorieux des Parthes et des Bretons, célèbre pour avoir fait bâtir un mur de trente-deux milles de longueur, de l'est à l'ouest de la Bretagne, depuis l'embouchure de la Clyde jusqu'au golfe de Firth, pour garantir cette province des incursions des Calédoniens; sur Sévère, dont la fausse politique priva les Romains d'un boulevard formidable aux barbares du Pont et de l'Asie, par la démolition de Bysance qu'il punit de sa fidélité à la cause de Niger, et de sa résistance de trois années aux attaques de ses lieutenans; sur Caracalla, débutant par accorder une paix avantageuse aux peuples de l'Ecosse guidés par Fingal et son fils Morni, se souillant des meurtres de son frère Géta, du jurisconsulte Papinien, et d'une multitude d'autres forfaits atroces, rendant les différentes provinces de l'empire spectatrices de ses rapines et de ses cruautés, comptant pouvoir se permettre tout avec l'assistance de l'armée qu'il cherchait à capter par ses largesses démesurées, ce qui ne l'empêcha pas de succomber dans les piéges de Macrin, préfet du Prétoire, qui ne conserva l'empire que quatorze mois, détrôné et massacré par ses propres soldats, qui déférèrent le sceptre à Héliogabale, grand-prêtre du soleil à Emèse, dont sa grand'mère Mœsa avait fait la fortune, en le faisant passer, auprès d'une légion, pour un bâtard de Caracalla; enfin, nous taisant sur ce même Héliogabale, dont l'éducation asiatique avait corrompu le naturel, sur ses impudicités fastueuses qui lui faisaient prostituer sa qualité d'homme en s'habillant en femme, en se livrant à des ouvrages de femme, en se faisant saluer du titre de domina et d'impératrice, en prenant plusieurs maris, en créant dans le sénat un siége pour sa mère, auprès des consuls, en instituant un sénat de femmes chargé de délibérer sur la préséance, les honneurs de cour, la forme des vêtemens, etc., etc., excès sur lesquels on se contenterait de rire s'ils n'avaient pas coûté des larmes à ceux qui étaient obligés de les souffrir et de les alimenter, desquels rougirent les prétoriens eux-mêmes, qui en tuèrent le grotesque auteur dont ils jetèrent le corps dans le Tibre; nous nous empresserons d'arriver à Alexandre-Sévère, cousin du dernier empereur, élevé à la pourpre (vers l'an 222) par ces mêmes prétoriens dont le patronage avait été fatal à beaucoup d'empereurs.

Alexandre-Sévère a de justes titres à l'admiration de la postérité, en ce sens qu'il apporta sur le trône un assemblage de vertus qu'il est presque un miracle d'y rencontrer. L'éducation et les conseils qu'il reçut de sa mère Mamée développèrent les germes de son excellent naturel, et contribuèrent à le préserver des séductions de la puissance. Grand travailleur, passionné pour la poésie, l'histoire et la philosophie, il partageait son tems entre les affaires publiques et la lecture des œuvres d'Horace, de Virgile, de Platon et de Cicéron. Simple, frugal, modeste dans sa mise, affable et poli dans ses manières, il était d'un abord facile et gracieux. Voulant indiquer jusqu'à quel point il désirait bannir la corruption de son entourage, il avait fait graver sur les murs de son palais ces mots caractéristiques : « que personne » ne pénètre dans l'enceinte de ces murs sacrés, à » moins qu'il n'ait une conscience pure et une ame » sans tache. » Si cette sentence était suivie à la lettre, les palais seraient bientôt solitaires de si pleins qu'ils sont ordinairement! Il sera facile d'apprécier son amour pour la justice par sa maxime de prédilection : *ne faites pas aux autres ce que vous ne voudriez pas qu'on vous fît ;* toutes les sentences juridiques rendues en son nom s'exécutaient en prononçant cette sentence sublime. Il expulsa une foule de mignons, d'eunuques, de courtisans, d'histrions introduits à la cour par Héliogabale ; il défendit les bains communs aux deux sexes, ainsi que tous les vices portant atteinte aux bonnes mœurs; il exécuta de nombreuses épurations dans l'armée, dans le sénat, dans l'ordre des chevaliers; il montra sa constante sollicitude pour le peuple en rétablissant un fonds originairement destiné à procurer régulièrement une certaine quantité d'huile aux citoyens pauvres, extrêmement réduit par son prédécesseur; en faisant, dans le cours de son règne, trois grandes distributions de denrées aux nécessiteux ; en construisant des bains dans les quartiers de Rome qui en étaient dépourvus; en augmentant le nombre des greniers publics, et en les remplissant du produit de ses épargnes, dans le but de prévenir la disette et la cherté des vivres ; en créant des sortes de banques publiques où l'argent était prêté à un intérêt très modique, quelquefois même sans intérêt, création éminemment philanthropique, dont les gouvernemens modernes, dans leurs préoccupations aristocratiques, ne semblent pas même avoir conçu, ou, pour mieux dire, vouloir réaliser l'idée sur un plus large plan.

Dans l'année 228, Artaban, dernier prince de

la dynastie des Parthes-Arsacides, fut égorgé et remplacé par Artaxercès, un de ses sujets à l'égard duquel il s'était rendu coupable d'ingratitude. Cet Artaxercès, fils adultérin de la femme d'un tanneur et d'un soldat, prétendant descendre des anciens rois de Babylone, fit quitter à sa nation le nom de Parthes pour prendre celui de Perses; en lui commença la dynastie des rois de Perse Sassanides, que Sapor, son fils, rendit redoutable à l'empire romain. Artaxercès, dans son ambition, rêvant le rétablissement de l'empire de Cyrus, somma les Romains d'avoir à lui restituer la Syrie, la Mésopotamie et l'Asie-Mineure. En réponse à cette demande, Alexandre marcha contre lui : les historiens ne s'accordent pas sur les résultats de cette guerre; la seule chose qu'on sache positivement, c'est que les Perses rentrèrent dans leurs limites, et qu'Alexandre alla triompher à Rome où il séjourna très peu de tems. Appelé sur les bords du Rhin pour s'opposer à une invasion des Germains, il fut assassiné dans la 26me année de son âge (l'an 235), à Sécila, bourg situé près de Mayence, par ses troupes mécontentes de la discipline sévère à laquelle il les assujétissait, séduites par la promesse d'immenses largesses que leur fit Maximin pour prix de la pourpre. Ce dernier ne jouit pas long-tems du fruit de son forfait : l'année suivante, il fut tué par ses soldats au siége d'Aquilée. Une chose digne de remarque, c'est qu'il était Goth, et qu'en sa personne commença, si l'on peut s'exprimer ainsi, un monde nouveau; déjà les barbares sont en possession de l'empire dont un Africain (Septime-

Sévère) et un Assyrien (Héliogabale) leur avaient indiqué l'accès.

Nous allons franchir plusieurs règnes jusques en **270** ; assez de dégoût est réservé à l'historien condamné à méditer sur cette effroyable époque, sans qu'il le fasse partager à ses lecteurs ; d'ailleurs, qu'aurions-nous à offrir à leur curiosité ? Partout désordre, partout confusion : Rome saccagée et brûlée par suite des discordes civiles ; les rivalités du sénat et de l'armée pour l'élection des princes, ajoutant une nouvelle cause de destruction à tant d'autres causes ; ce même sénat, instrument servile et avili, prompt à livrer aux gémonies le monarque malheureux qu'il avait exalté la veille, dépossédé du droit d'élection au profit de l'armée, instituant des empereurs qui dès lors ne résidèrent plus que rarement à Rome, et pour ainsi dire malgré eux ; la peste, la disette, la famine, des tremblemens de terre en Italie ; la révolte des esclaves dans la Cilicie ; la rébellion des Isauriens, comparable à la guerre des pirates du tems de Pompée ; le tumulte épouvantable d'Alexandrie, au milieu duquel périt une grande partie de la population de cette vaste cité ; les villes de l'empire pillées, rançonnées, incendiées, livrées aux horreurs d'un assaut par les Goths, les Hérules, les Scythes, les Perses, les Francs, les Germains, les Allemands, les Quades, les Sarmates, les Marcomans, les Alains, les Vandales, les Bourguignons, etc. ; ces mêmes peuples s'établissant dans plusieurs provinces, soit comme auxiliaires, soit comme conquérans ; plus de dix-sept empereurs, **arrosant de leur sang les degrés d'un trône périlleux ;**

savoir : les trois Gordiens, les Maxime Papin, les Claude Balbin, les Philippe, les Marcus, les Sévère-Hostillien, les Emilien, les Valérien, les Gallus, les Claude II, sans compter tous ces prétendans qu'on désignait, pour les distinguer des empereurs, sous le nom de tyrans, dont le succès partiel ou éphémère ne légitimait pas l'usurpation : tels que Priscus, frère de Philippe, revêtu de la pourpre par les Goths, auxquels il l'avait demandée, Quintillius, frère de Claude, mettant lui-même fin à ses jours dix-sept mois après s'être élancé à la puissance souveraine ; tels que Cyriades, Macrien, Baliste, Odenat et Zénobie, Posthume, Lokien, Victorin et sa mère Victoria, Marius, Tétricus, Ingennus, Régilien, Auréole, Saturnin, Trébellien, Pison, Valens, Emilien, Celsus, dont la plupart s'adjugèrent les provinces qu'ils avaient su défendre contre les ennemis du dehors : « représentez-vous
» (expressions de M. de Châteaubriand) l'état en
» proie aux diverses usurpations, les tyrans se battant
» entr'eux, se défendant contre les troupes du
» prince légitime, repoussant les barbares ou les
» appelant à leur secours; Ingennus avait un corps
» de Roxelans à sa solde, Posthume un corps de
» Francs. On ne savait plus où était l'empire :
» Romains et Barbares, tout était divisé; les aigles
» romaines contre les aigles romaines, les enseignes
» des Goths opposées aux enseignes des Goths.
» Chaque province reconnaissait le tyran le plus
» voisin; dans l'impossibilité d'être protégé par le
» droit, on se soumettait au fait. Un lambeau de
» pourpre faisait le matin un empereur, le soir, une

» victime, l'ornement du trône ou d'un cercueil. »
Eh bien! que l'on se représente tout cela, et l'on n'aura encore qu'une idée bien pâle du désolant état du monde pendant les trente-cinq années que nous venons de traverser.

Enfin (l'an 270), Aurélien, fils d'un paysan Germain de Sirmium, auquel sa valeur et ses talens avaient procuré le poste éminent qu'il occupait, continuant l'œuvre commencée heureusement par Claude, son prédécesseur, pacifia l'empire par ses victoires sur les Goths, à qui il accorda cependant la Dacie pour résidence ; sur les Allemands qu'il battit à Pavie ; sur Tétricus, tyran des Gaules, traître en cette circonstance à ses soldats pour se ménager un égoïste repos, et sur Zénobie, veuve d'Odenat, reine de Palmyre, cité rivale de Rome en magnificence, que l'empereur détruisit peu après, afin de la punir de s'être révoltée de rechef : voulant rassurer Rome contre la crainte des ennemis, il la fit entourer d'un mur de vingt-un milles de longueur ; préservatif impuissant ! Que pouvait effectivement une enceinte fortifiée avec des habitans trop lâches pour la défendre ? Les meilleures murailles ne sont-elles pas les poitrines des citoyens armés contre les hordes étrangères au nom de la patrie et de la liberté ? Après Aurélien, Tacite, neveu de l'historien, Probus, prince actif, rigide et guerrier, Carus dont les deux fils, Carin et Numérien qu'il s'associa, ployèrent sous un fardeau trop pesant pour leur faiblesse, comprimèrent les révoltes intérieures et reverdirent la majesté des aigles romaines par les lauriers qu'ils cueillirent principalement dans leurs guerres contre les Scythes, les Sarmates, les Francs et les Perses. Aucun de ces empereurs ne mourut de mort naturelle ; alors aussi le métier de roi ne valait rien !

Dioclétien, proclamé (l'an 284) empereur dans un conseil tenu à Calcédoine par l'armée, possédait des talens plus brillans que solides. Actif et appliqué dans les affaires, économe et libéral en même tems, mélange de douceur et de sévérité, il cachait l'ambition extrême dont il était dévoré par l'empire absolu qu'il exerçait sur ses passions, d'autant plus dissimulé qu'il affectait une franchise qu'il n'avait pas. Convaincu que l'empire était trop étendu pour être bien gouverné par un seul, il s'adjoignit Maximien-Hercule, l'investissant d'une puissance égale à la sienne, en outre Galère et Constance-Chlore qu'il plaça sous sa dépendance et celle de Maximien, avec le titre de César, celui d'Auguste servant à désigner le pouvoir suprême dont il était revêtu ainsi que son premier collègue. Chacun de ces quatre empereurs fut préposé à l'administration entièrement indépendante des provinces, de la manière suivante : Dioclétien se réserva l'Orient ; Maximien eut l'Italie, l'Afrique et les îles ; Constance-Chlore, la Gaule, l'Espagne, la Bretagne et la Mauritanie ; Galère, la Thrace et l'Illyrie. Dioclétien ne fut pas assez clairvoyant pour concevoir que cette organisation, bonne pour le moment, romprait tôt ou tard l'unité gouvernementale, et occasionnerait à la fin la séparation des deux empires d'Orient et d'Occident. Si en établissant quatre grandes divisions territoriales, si en diminuant le nombre des prétoriens

auxquels il opposa deux nouvelles cohortes, les Joviens et les Herculiens, son système politique eut un bon résultat sous ce rapport qu'il atténua la fréquence des révolutions, du moment que les armées furent moins fortes, que les usurpateurs ne furent pas assez riches pour solder une élection, il eut un mauvais résultat sous ce rapport que ces nombreuses légions qui choisissaient elles-mêmes leurs maîtres, ne repoussèrent plus avec autant d'ardeur ni les maîtres étrangers, ni les ennemis du dehors; elle eut un très mauvais résultat, principalement sous ce rapport que quatre cours épuisèrent les ressources de l'état à cause du luxe oriental introduit par cet empereur, à qui l'on ne saurait trop reprocher d'avoir été le premier à se faire surnommer *Jupiter*, à ceindre le diadème, à endosser un manteau de pourpre, comme si la robe d'or et de soie ne suffisait pas à sa somptuosité, à instituer des officiers du palais, un cérémonial, des eunuques, etc. En résumé, Dioclétien gouverna l'empire avec assez de gloire : « Il (Châteaubriand, *Ét. hist.*) répara et
» augmenta les fortifications des frontières, battit,
» à l'aide de ses associés et de ses généraux, les
» Blemmyes en Égypte, les Maures en Afrique, les
» Francs, les Allemands, les Sarmates en Europe ;
» il sema la division parmi les Goths, les Vandales,
» les Gépides, les Bourguignons, qui se consumèrent
» en guerres intestines. Ceux des barbares du nord
» que l'on avait faits prisonniers, furent ou distribués
» comme esclaves aux habitans des territoires de
» Trèves, de Langres, de Cambrai, de Beauvais et
» de Troyes, ou adoptés comme colons, nommé-

» ment quelques tribus de Sarmates, de Bastarnes
» et de Carpiens. »

Dioclétien, tourmenté par le farouche Galère, à qui la reconnaissance aurait dû commander des ménagemens pour son vieux collègue, abdiqua (vers l'an 305) la pourpre à Nicomédie; ensuite il se retira à Salone, sa patrie, dans une maison de campagne située sur les bords de la mer, où il s'efforça d'oublier les rêves de la grandeur en s'occupant de jardinage; on prétend qu'attristé par la mort de sa femme et de sa fille qu'il ne put pas dérober à la rage de ses persécuteurs, et menacé de la colère de Licinius, de Constantin et même du sénat, il termina ses jours par le poison ou par la faim. Le même jour qu'il s'était démis de sa puissance, Maximien, à sa sollicitation, avait suivi son exemple à Milan, mais non sans regret du sacrifice.

Galère et Constance-Chlore ayant pris le titre d'Auguste, s'associèrent à leur tour deux Césars, Maximin II et Sévère II. Constance ne tarda pas à mourir (l'an 306) à Yorck, dans la Grande-Bretagne, et les troupes élurent à sa place son fils Constantin, dont Galère, son ennemi personnel, ne ratifia le choix qu'avec déplaisir, ne le reconnaissant même que sous le titre de César, tandis qu'il conférait celui d'Auguste à Sévère II. Rome s'étant soulevée contre Galère, parce qu'il voulait asseoir une taxe générale sur les terres et sur les personnes, appela sur le trône Maxence, gendre de Galère et fils de Maximien. Celui-ci, revenant sur son abdication, profita de ces dissensions pour ressaisir le pouvoir; de cette sorte, l'empire eut six maîtres à-la-fois, Constantin, Galère, Maximin, Sévère, Maximien et Maxence, qui se déchirèrent entr'eux. Sévère, réfugié dans Ravenne, qu'il rendit par capitulation, fut condamné à mort par Maximien, et s'ouvrit les veines. Maximien s'étant brouillé avec son fils Maxence, se retira à la cour de Constantin, auquel il avait donné sa fille en mariage; son humeur remuante l'ayant poussé à conspirer contre son hôte, il fut mis à mort d'après le commandement de son gendre. Galère mourut sur ces entrefaites (l'an 314). Alors Licinius, qu'il avait créé empereur peu auparavant, Constantin, Maximin et Maxence se firent une guerre acharnée, dont le dénouement fut la défaite et la mort des deux derniers, opérées par les deux premiers, qui, s'étant encore divisés, confièrent leurs destinées aux combinaisons des batailles. La fortune se déclara contre Licinius; et il laissa, en perdant la vie, son heureux rival seul en possession de tout l'empire.

Cependant la doctrine du Christ n'était pas morte avec lui; transperçant les murs du Sépulcre, où d'insensés rétrogrades avaient cru l'ensevelir à jamais, elle s'était élancée parmi les nations; elle avait porté ses fruits; triomphante en dépit des obstacles, elle allait enfin s'asseoir sur le trône des Césars. Pour arriver à ce résultat, les nouveaux sectaires avaient eu à vaincre les mépris des païens, les préjugés de leurs pères, les attaques des philosophes, les préventions du peuple, tous les intérêts existans. Les dix grandes persécutions qu'ils eurent à souffrir sous Néron, Domitien, Trajan, Marc-

Aurèle (1), Sévère, Maximin, Dèce, Valérien, Aurélien et Dioclétien (2), n'avaient pas été plus capables d'attiédir leur zèle que la promesse des dignités et des honneurs, que les séductions de la volupté n'avaient été susceptibles d'ébranler leur foi. L'austérité de leur vie, la pureté de leurs mœurs, leur douceur, leur patience, leur charité, leurs erreurs même qui provenaient d'un excès de vertu, avaient contribué à élargir encore le cercle de leurs prosélytes. On avait beau leur reprocher d'être un ramassis *d'ignorans, d'ouvriers incapables de soutenir les vérités de leurs doctrines par les armes du raisonnement*, l'on regardait avec admiration ces hommes discourant très peu, mais agissant beaucoup ; ces hommes s'aimant entr'eux comme des frères, selon la prescription de saint Jean : *aimez-vous les uns les autres* ; ces hommes,

---

(1) La tolérance de Marc-Aurèle lui fit bientôt révoquer des instructions surprises à son antipathie philosophique ; la dixième année de son règne, il écrivait à la communauté des peuples assemblée à Éphèse : « si un chrétien est attaqué comme chrétien, que l'accusé soit renvoyé absous, quand même il serait convaincu d'être chrétien, et que l'accusateur soit poursuivi. »

(2) Cette persécution, la plus terrible de toutes, doit être attribuée à l'influence exercée par Galère sur l'esprit de Dioclétien ; voici la substance de l'édit rendu à ce sujet : *les églises seront renversées, les livres saints brûlés, les chrétiens privés de leurs emplois, honneurs, dignités, et condamnés au supplice sans exception d'ordre et de rang ; passibles de la justice des tribunaux, ils ne pourront y poursuivre personne, pas même pour réclamation de vol, réparations d'injure ou d'adultère : les affranchis redeviendront esclaves quand ils seront reconnus chrétiens :* rétroactivité d'autant plus révoltante qu'elle n'avait pas pour excuse la réparation d'une criante injustice ! Un autre édit particulier ordonnait *de mettre aux fers les évêques et de les forcer à abjurer.* Ces mesures atroces devaient anéantir la religion de Jésus, et peu après cette religion donnait des lois à la terre : les tortures gouvernementales n'ont jamais tué les idées ; au contraire, elles en ont mûri le développement.

ne frappant point ceux qui les frappaient, n'intentant pas de procès à ceux par lesquels ils étaient dépouillés, tendant *la joue droite quand on les frappait sur la joue gauche, offrant de surplus leurs manteaux quand on leur demandait leurs tuniques.* On avait beau leur reprocher *de n'avoir ni temples, ni autels, ni images,* on applaudissait à leur réponse : *que le monde étant le temple de Dieu, la meilleure manière de le servir consistait dans une vie morale consacrée à la pratique de bonnes œuvres.* On avait beau leur reprocher *d'être une faction aspirant à la subversion de l'ordre social,* entachés qu'ils étaient de toutes sortes de vices, *êtres inutiles à la société, corrupteurs de la jeunesse* à laquelle ils s'adressaient de préférence, jugeant avec raison la vieille génération trop encroûtée pour accueillir des projets de rénovation qui froissaient son égoïsme, l'on goûtait Tertullien, prêtre de Carthage, écrivant : « j'en
» prends à témoin vos registres, vous qui jugez les
» criminels : y en a-t-il un seul qui soit chrétien ?
» L'innocence est pour nous une nécessité, l'ayant
» apprise de Dieu qui est un maître accompli. On
» nous reproche d'être inutiles à la vie, et pourtant
» nous allons à vos marchés, à vos foires, à vos
» bains, à vos boutiques, à vos hôtelleries. Nous
» faisons le commerce, nous portons les armes, nous
» labourons. Il est vrai que les trafiquans de femmes
» perdues, que les assassins, les empoisonneurs,
» les magiciens, les aruspices, les devins, les
» astrologues, n'ont rien à gagner avec nous. La
» faction des chrétiens est d'être réunis dans la
» même religion, dans la même morale, la même

» espérance. Nous formons une conjuration pour
» prier Dieu en commun, et lire les divines écritures.
» Si quelqu'un de nous a péché, il est privé de la
» communion, des prières et de nos assemblées,
» jusqu'à ce qu'il ait fait pénitence. Ces assemblées
» sont présidées par des vieillards dont la sagesse
» a mérité cet honneur. Chacun apporte quelque
» argent tous les mois, s'il le veut ou le peut. Ce
» trésor sert à nourrir et à enterrer les pauvres, à
» soutenir les orphelins, les naufragés, les exilés,
» les condamnés aux mines ou à la prison, pour la
» cause de Dieu. Nous nous donnons le nom de
» frères; nous sommes prêts à mourir les uns pour
» les autres. Tout est commun entre nous, hors
» les femmes. Notre souper commun s'explique
» par son nom d'Agape, qui signifie charité. »
(Châteaubriand, *Études. hist.*)

En ce tems-là, la croix, symbole d'affranchissement, ralliait autour d'elle ceux que les iniquités du pouvoir rendaient désireux de changer une organisation reposant sur l'inégalité des hommes entr'eux, sur l'esclavage; la femme surtout, mécontente d'être la servante plutôt que la compagne de l'homme, soupirait après son émancipation, et affrontait avec énergie les périls réservés à la manifestation d'une croyance dont cette émancipation devait être la conséquence. Le clergé, représentation exacte des vœux des fidèles par lesquels il était élu, n'était pas, comme il le devint plus tard, comme il l'est encore aujourd'hui, malgré les excitations prophétiques d'un grand écrivain sorti de ses rangs (La Mennais), dont *la voix prêche dans le désert*, un fauteur de l'oppression et de l'obscurantisme. *Unissant la prudence du serpent à l'innocence de la colombe* (1), simple, modeste, ne se distinguant point de la foule par un costume particulier, ne croyant pas trop au mal, indulgent pour les fautes du pécheur parce que tout homme est sujet à faillir, il allait porter des paroles de consolation et d'espérance au milieu des désastres de l'invasion, au milieu des ténèbres des cachots, et jusques au milieu des tourmens du martyre : il soutenait par son propre exemple et par ses exhortations plus d'une conviction prête à chanceler, plus d'une existence prête à s'éteindre ; sa réputation de probité, reconnue même des païens, sa ferveur, contrastaient singulièrement, à l'avantage de sa cause, avec les débordemens et la froide indifférence des ministres du paganisme. Les docteurs de la primitive église, les Clément, les Origène (2), les Hippolite, les Grégoire de Pons, les Africain, les Tertullien, les Cyprien (3), etc., etc., lumières de la civilisation, brillaient par leur éloquence ou par l'élégance de leurs écrits ; conservant seuls les traditions des sciences, ils les sauvaient du naufrage où elles menaçaient de s'engloutir. Ces hautes intelligences s'exprimaient haut et ferme ; leurs langues n'étaient point glacées, leurs plumes n'étaient point brisées par l'appareil des supplices, ni par la crainte de la mort. Reportons-nous en

---

(1) Expressions de la *Bible*.
(2) « C'est dans Origène (Chateaubriand, *Et. hist.*) que s'opéra la transformation du philosophe païen dans le philosophe chrétien ».
(3) Fénélon semble avoir puisé aux sources fleuries de son éloquence.

idée vers ces siècles de destruction : qu'elle était grande et noble la mission du prêtre pendant les horreurs de la conquête opérée par des peuples indisciplinés! Qu'il devait être touchant de le voir, la chaîne au cou, prodiguer ses soins empressés au lit des malades, fléchir et désarmer le courroux de ces nouveaux maîtres implorant à leur tour les bienfaits du baptême, édifiés par un dévouement dont ils sentaient plutôt qu'ils ne comprenaient la portée! Qu'il devait être attendrissant le spectacle des cérémonies religieuses célébrées au fort des persécutions, dans les lieux les plus secrets! Comme tout devait parler au cœur : l'épaisseur des forêts, la nuit des catacombes, les souvenirs des cimetières, la pâle lueur de la lampe ou la clarté vacillante de quelques cierges posés sur une pierre ou sur la tombe d'un martyr, autel improvisé par la piété, orné d'un simple gazon et de fleurs contenues dans de chétifs vases de bois! Quel saisissement devait jeter dans les ames l'appréhension de voir à chaque instant l'office troublé par l'arrivée des agens de la tyrannie! Comme l'assistant devait être ému quand il entendait la voix du ministre de Dieu, s'inspirant du recueillement du lieu, réciter avec onction les divines paroles de l'Évangile, quand montrant un morceau de la croix sur laquelle avait été crucifié un ami de l'humanité, il dépeignait la jubilation éternelle destinée à ceux qui répandaient des larmes *dans cette vallée de misères*, pour obéir aux ordres de leur conscience!

Avec de tels élémens de régénération, les progrès du christianisme ne pouvaient qu'être rapides; ils le furent. A peine Jésus-Christ avait-il expiré que l'église de Jérusalem prenait naissance, précédant de sept à huit ans seulement celle des sept églises de l'Asie-Mineure, époque où les disciples de l'Évangile reçurent pour la première fois le nom de chrétiens dans les murs d'Antioche. Les apôtres, avant de quitter Jérusalem, avaient formulé le symbole de la foi, ensuite ils s'étaient dispersés, préconisant partout ce principe d'équité : *Dieu exalte les humbles, et dépose les puissans;* ils opérèrent de nombreuses conversions dans plusieurs pays, notamment à Rome, où l'on remarque avec étonnement que St-Paul salue, dans une de ses épîtres, les fidèles de la maison de l'affranchi Narcisse, célèbre favori de Claude. Déjà, sous Néron, les chrétiens portaient ombrage à cet empereur, qui, pour avoir occasion de les vexer, les accusa d'un incendie dont il était soupçonné lui-même. Malgré les persécutions de Domitien, ils prenaient de plus en plus de la consistance; la succession des évêques s'établissait; les hauts rangs de la société commençaient à adopter les théories nouvelles, puisque le consul Flavius-Clément, cousin germain de Domitien, par lequel ses deux enfans étaient destinés à l'empire, embrassait la foi. Un peu plus tard, Pline le jeune, gouverneur de la Bythinie, écrivait en ces termes à Trajan la décadence du paganisme : *les temples sont presque abandonnés ; on ne trouve déjà plus à vendre les victimes.* Sous Adrien, les chrétiens occupant fortement l'opinion publique, il n'était pas de calomnie, si absurde qu'elle fût, qu'on n'inventât pour les perdre : *ils avaient sacrifié un enfant après en avoir bu le sang ;* d'un autre côté, les philosophes, les confondant avec les juifs, les attaquaient avec acharnement. Sous Antonin, le chrétien Justin ne craignit pas de parler des mystères sans déguisement, en publiant sa première apologie adressée à l'empereur, au sénat et au peuple. Marc-Aurèle n'aimait pas les chrétiens, cependant cela n'empêcha pas les apologistes du christianisme d'adopter un langage plus hardi ; d'accusés devenant accusateurs, ils battirent en brèche le culte des idoles avec une énergie jusqu'alors sans exemple ; ce qui prouve qu'en ce tems les chrétiens étaient nombreux, que la vieille société tremblait pour ses intérêts et ses préjugés, c'est le grand nombre de victimes de la foi immolées à Vienne, à Lyon, à Autun ; une légion, *la légion fulminante*, à laquelle Marc-Aurèle dut la victoire remportée, en 174, sur les Sarmates, les Quades et les Marcomans, était en grande partie composée de chrétiens. Sous le successeur de Marc-Aurèle, le christianisme prit un développement extraordinaire à Rome, principalement parmi les familles nobles et riches : les voûtes du sénat retentirent d'une apologie complète de cette religion, prononcée par le sénateur Apollonius, condamné à mort pour ses croyances. L'éloquence des pères de l'église brillait d'un vif éclat pendant les règnes de Commode et de Julien ; parmi les pères grecs, il suffit de citer Clément d'Alexandrie, auteur de deux ouvrages curieux, intitulés *le Maître* et *les Stromates ;* parmi les pères latins, le fameux Tertullien, qu'un de nos écrivains contemporains (Châteaubriand) appelle avec juste raison le Bossuet africain. Déjà l'Évangile était répandu dans tout le monde connu; les églises de Germanie, des Gaules, d'Espagne, d'Orient, d'Égypte, de Lybie, *étaient* (1) *éclairées de la même foi, comme du même soleil.* Vers ce même tems, la foi était prêchée aux nations orientales par Panténus, chef de l'école chrétienne d'Alexandrie, qui, pénétrant dans les Indes, fut surpris d'y trouver une église possédant un évangile de St-Mathieu écrit en langue hébraïque par l'apôtre Barthélemy. Les persécutions de Sévère développèrent encore les progrès de la religion nouvelle : l'on remarque, dans une éloquente apologie de Tertullien, ces mots célèbrement caractéristiques : « nous ne sommes » que d'hier et nous remplissons vos cités, vos » colonies, l'armée, le palais, le sénat, le forum; » nous ne vous laissons que vos temples. » Les invasions des barbares servaient même à étendre ses ramifications; Caracalla, Macrin, Héliogabale, Alexandre-Sévère, après eux Maximin, étaient témoins de ses développemens; car l'unité de l'église s'établissait de plus en plus; car Origène professait à Alexandrie devant une foule de païens et de philosophes qui lui dédiaient leurs ouvrages et le louangeaient dans leurs écrits. Nonobstant la tourmente qu'ils eurent encore à traverser sous divers empereurs, les chrétiens ne cessèrent pas de se multiplier : les évêques prêchaient la sainte parole au milieu de la désolation de l'empire; les prêtres prisonniers administraient le baptême aux maîtres nouveaux (les barbares), qui rapportaient ainsi,

---

(1) Expressions de saint Irénée.

sous leurs tentes et dans leurs forêts, des principes de douceur et de charité éminemmnet propres à adoucir leurs mœurs. Enfin, les chrétiens formaient une masse imposante ; ils débordaient surtout le pouvoir par la puissance de leur dialectique, quand Constantin embrassa la foi plutôt par politique que par conviction.

Constantin, par sa capacité militaire, autant que par sa subtilité politique, rendit l'empire romain redoutable à tous ses ennemis. L'humanité lui est redevable, entr'autres améliorations, de la promulgation d'une loi abolissant l'usage atroce d'exposer ou de tuer les enfans nouveaux-nés : il était accordé des secours à tous les parens auxquels leur pauvreté ne permettait pas d'entretenir leurs enfans. L'adoption de la morale de Jésus, dont l'esprit fut défiguré presque aussitôt, imprima à la civilisation cette impulsion large et progressive se ralentissant quelquefois au milieu des grandes crises, mais reprenant bientôt son allure franche et déterminée, après avoir renversé les obstacles qui voulaient la comprimer. Ayant immensément agrandi et embelli Bysance, à laquelle il donna son nom, celui de Constantinople, il y tranféra le siége de son gouvernement, en 325, créant ainsi un nouvel état en Orient, connu sous la dénomination de Bas-Empire. Si cette translation prolongea l'existence de l'empire en Orient, elle hâta singulièrement la décadence de Rome et de l'Italie.

Les qualités de Constantin ne nous aveugleront pas sur ses vices, dont plusieurs l'entraînèrent au crime. Gendre impitoyable, il livra son beau-père Maximien au supplice ; cruel par ambition, il mit un soin minutieux à se défaire de toute la famille de son beau-frère Maxence ; violateur de la foi promise, il ne craignit pas de faire exécuter Licinius, à qui il avait donné sa sœur en mariage; père dénaturé, il ordonna froidement la mort de son fils Crispus, dont les talens précoces avaient excité sa jalousie, dont les vertus n'avaient pu le soustraire à ses injustes soupçons ; politique imprévoyant, il instruisit les barbares des secrets de la discipline et de la tactique romaines ; il prépara le démembrement de l'empire, en introduisant parmi ses soldats les Goths, les Sarmates et plusieurs autres peuples ; prodigue et avare en même tems, vices qu'on est étonné de rencontrer dans la même personne, il opprima ses sujets pour s'enrichir et pour soutenir sa magnificence ; à la fin de sa vie, les liens de son administration se relâchèrent ; il s'exposa au ridicule par la bizarrerie de son habillement et de ses manières. C'est à Constantin qu'il faut remonter pour trouver l'établissement de l'étiquette des cours modernes : aux distinctions réelles du mérite personnel fut substituée une subordination sévère dans les rangs et dans les charges ; de là les dénominations menteuses d'*illustres*, de *respectables*, d'*honorables*, pour des consuls, des patriciens, des ministres, de hauts fonctionnaires, dont le principal mérite ne consistait pas à servir la chose publique, mais à se prostituer aux fantaisies et aux goûts du maître dans les emplois les plus subalternes, les plus dégoûtans d'une basse domesticité, sous les titres pompeux de préfets, de comtes, de ducs, etc. Se laissant entraîner dans des querelles religieuses intempestives par quelques femmes de sa famille, et quelques évêques qui exerçaient sur son esprit une fâcheuse influence, le 19 juin 325, il ouvrit en personne le concile de Nicée, par lequel fut établi réellement le catholicisme.

Le concile de Nicée a-t-il porté une rude atteinte au progrès humanitaire? Soutenue affirmativement et négativement avec des argumens plausibles, par des écrivains de bonne foi, selon le point de vue d'où ils l'envisagent, cette proposition ne saurait comporter une solution tranchante : complexe, elle renferme du bon et du mauvais, des résultats plus ou moins médiats et immédiats; ceci mérite une attention sérieuse.

Le dogme de l'humilité reconnu comme la première vertu chrétienne, sans nul doute, a engendré la résignation à se plier aux exigences de l'injustice, de l'obscurantisme, de la servitude; il a dépouillé l'homme d'une émulation profitable, d'un légitime orgueil, de la conviction de sa valeur personnelle ; il a rendu les peuples ignorans, fanatiques, abrutis, au bénéfice de prétendus ministres d'un dieu d'amour, de miséricorde, de modestie, de désintéressement, ligués avec d'exécrables tyrans. De plus, l'abnégation absolue des choses de ce monde pour conquérir le bonheur éternel dans une autre vie, dans un paradis où il y a *beaucoup d'appelés, et peu d'élus*, le sacrifice des jouissances du présent dans l'espoir d'un meilleur avenir, devaient aboutir à l'absurdité, à l'indifférence, à l'oppression, quand une théocratie cupide se fut égarée dans des voies rétrogrades;

mais toutes ces conséquences funestes se firent-elles sentir sans utilité, ne furent-elles pas plus que compensées par le mal qu'elles prévinrent d'abord, par le bien immense qu'elles opérèrent ensuite, même quand le clergé catholique, perdant de vue des précédens progressifs, n'eut plus que les foudres d'une excommunication stérile pour riposter aux attaques d'une négation hardie, à la recherche d'un nouveau monde intellectuel.

Constantin, éclairé sur l'importance du christianisme, alors pivot de toute l'activité romaine, voulut faire converger, autour de ce pivot, un centre de doctrines religieuses, l'unité de croyance et de volonté, comme préservatif d'une dissolution inévitable en faveur d'une société en décadence depuis trois siècles, à un tel point que ses troupes ne pouvaient plus la défendre, que ses empereurs ne pouvaient plus la gouverner : c'est dans ce but qu'il autorisa le concile de Nicée. Là, des députés de toutes les nations, réunis sans distinction de race, de naissance, apportèrent pour la première fois le tribut de leurs lumières, au profit de la civilisation ; là, le secret d'une assemblée représentative, révélé avec éclat, prouva la possibilité de réunir celles qui ont eu lieu depuis ; là, des délibérations, approfondies par quatre mois d'étude et de discussion, formulèrent cette religion catholique, sanctionnant enfin un christianisme indicateur incomplet des droits et des devoirs des mortels ; là, furent posées des règles précises à la distinction des hérésies, aux réalités de la loi religieuse ; là, fut solennellement examinée, discutée, condamnée, anathématisée la doctrine d'Arius, soutenant, en plein concile, la nature unique de Jésus-Christ, ou, plus clairement, qu'il était homme et non pas Dieu.

Cette discussion semblera peut-être puérile, aussi ne la présenterions-nous pas, si elle n'avait pas eu les suites politiques les plus graves. Les païens, ayant constamment repoussé la sévérité et l'autorité des doctrines nouvelles par cette fin de non-recevoir de l'arianisme, il était naturel que cette objection fondamentale ne prévalût point, le jour de l'acceptation de l'Evangile, reconnu, proclamé loi organique de l'Etat. Sans être doué d'une grande sagacité, l'on découvrira combien la moindre protestation contre la divinité de Jésus-Christ, remettait en délibération, en doute, tous les dogmes consacrés aux yeux des peuples par le caractère divin du Verbe, dont ils provenaient; combien la reconnaissance de cette hérésie eut ajourné les conséquences politiques et civiles du christianisme, auquel elle eut enlevé son prestige; combien la croyance à l'infaillibilité des évangiles importait à l'intérêt de la conservation sociale, à l'intérêt de l'amélioration des mœurs, à l'intérêt des conditions civiles; combien, en un mot, la démolition d'un égoïsme dissolvant, la substitution de la doctrine de la foi, la doctrine du dévouement absolu, importaient à la reconstitution de la vieille société romaine. Les pères du concile de Nicée, en condamnant l'arianisme, eurent la connaissance ou du moins l'instinct d'une œuvre providentielle; en outre, s'ils eurent la conviction de repousser un principe attentatoire au nouveau principe social, si le pouvoir impérial s'opposa par la force à l'extension de cette doctrine pernicieuse, avec cette même conviction ; agens du progrès, ils devancèrent leur siècle ; nous ne nous sentons plus le courage de les blâmer, ils méritent à nos yeux l'absolution des lourds reproches que des esprits étroits, prévenus ou mal intentionnés, leur ont constamment adressés avec une imperturbable assurance.

Après la mort de Constantin, la force de l'empire décrut rapidement sous ses trois fils, Constantin II, Constance et Constant, sous ses deux neveux, Dalmace et Annibalien, auxquels il avait assigné sa succession. Ceux-ci se déchirèrent entr'eux, et périrent tous misérablement victimes de trahisons domestiques, à l'exception de Constance, tyran soupçonneux et cruel, qui investit son cousin Gallus de la pourpre impériale, fantôme d'empereur, duquel il se défit pour avoir voulu se donner une ombre d'indépendance. Impatiens de terminer cette première partie, nous croyons bien faire en copiant un passage de Laponneraye, où est résumée, en peu de mots, la fin de cette période historique.

« Julien (*Dictionnaire historique*), autre neveu de
» Constantin, eut le commandement de l'armée des
» Gaules, et remporta de grandes victoires sur les
» peuples de la Germanie. Constance voulut le faire
» périr : Julien se fit proclamer empereur à *Lutetia*
» (Paris), et marcha contre son cousin, qui mourut
» avant d'en être venu aux mains avec lui. Julien
» abjura le christianisme, ce qui lui fit donner le
» surnom d'*Apostat*, et fit tous ses efforts pour rétablir
» le paganisme sans pouvoir y réussir. Il fut tué en

» combattant les Perses. Jovien lui succéda, et ne
» régna que quelques mois. Les légions d'Orient
» proclamèrent empereur Valentinien, qui associa
» son frère Valens à l'empire. Valentinien battit
» successivement les Francs, les Saxons, les Goths,
» les Allemands. Ses deux fils, Gratien et
» Valentinien II, héritèrent de l'Occident. Valens
» continua à régner en Orient, et périt dans une
» bataille contre les Goths. Théodose-le-Grand monta
» sur le trône après lui. Gratien et Valentinien II
» moururent assassinés par deux usurpateurs.
» Théodose les vengea, et réunit leurs états aux
» siens. Sous son règne, le christianisme s'affermit,
» et les barbares s'ébranlèrent pour envahir l'em-
» pire romain ; mais il sut les contenir par sa valeur.
» Ses deux fils, Arcadius et Honorius, se partagè-
» rent l'empire ; le premier régna sur l'Orient, le
» second sur l'Occident. Ils eurent pour ministres
» deux hommes habiles, mais ambitieux : Stilicon
» et Ruffin. Les Visigoths envahirent l'Italie et
» prirent Rome, qu'ils pillèrent et qu'ils incendiè-
» rent. Les Alains, les Vandales et les Suèves
» avaient, peu de tems auparavant, franchi le
» Rhin, et s'étaient répandus dans la Gaule et dans
» l'Espagne. Honorius retira ses troupes de la
» Bretagne. De nouveaux torrens de barbares vin-
» rent fondre sur l'Occident : Attila, à la tête des
» Huns, pénétra dans la Gaule, où il fut vaincu
» par Aëtius et Mérovée. Il se replia sur l'Italie, et
» la saccagea. Honorius, après un long règne,
» mourut et eut pour successeur Valentinien III :
» celui-ci fut assassiné par ordre de Maxime, qui

» usurpa le trône d'Occident, et ne régna que trois
» mois. Plusieurs empereurs, dont il est inutile de
» citer les noms, se succédèrent rapidement. Le
» dernier, Romulus-Augustulus, fut détrôné par
» Odoacre, roi des Goths et des Hérules, qui
» détruisit l'empire d'Occident en l'an 476. »

Du 1er au 6me siècle, quelques rares inventions virent le jour : le verre est rendu malléable; Tibère introduit à sa cour l'usage des habits de soie ; l'aimant est découvert; Ptolomée révèle son système astronomique; on se sert de selles pour les chevaux; Hypathie invente les aréomètres ; l'architecture gothique, avorton de la belle architecture antique, devient à la mode; le tintement de la cloche appelle les fidèles à la prière, du haut du clocher des églises. Durant ce tems, les génies chrétiens que nous avons cités semblaient avoir presque exclusivement hérité du génie des Tite-Live, des deux Pline, des Lucain, des Sénèque, des Suétone, des Florus, des Gallien, des Sextus-Empiricus, des Plutarque, des Ptolomée, des Arien, des Pausanias, des Appien, des Marc-Aurèle, des Épictète, des Lucien, et d'un petit nombre d'autres qui vivaient vers les commencemens de cette dernière époque.

Stimulés par le désir d'obéir à notre conscience, nous nous sommes élancés avec ardeur à la recherche de la vérité : pour ne pas faiblir à cette mission de dévouement, il faut consulter son courage encore plus que ses forces; il faut se résigner à un surcroît de travail sans relâche, à heurter bien des préjugés établis, bien des idées préconçues : carrière épineuse que nous venons de parcourir gais, résolus, énergiques, comme il convient à des hommes pénétrés plus que jamais de la justice de leur cause, convaincus du triomphe inévitable de l'égalité. Prêts à déposer un instant la plume, nous prions nos lecteurs de nous continuer leur indulgence, à défaut de ces encouragemens auxquels nous serions si sensibles. Déjà chacun a pu se former une idée nette de notre manière de voir; déjà chacun a pu se convaincre que nous ne reculerons pas devant les misérables susceptibilités d'amours-propres froissés par l'austérité de notre langage : dédain à quiconque se serait appliqué certaines appréciations échappées à l'indépendance de notre caractère! Est-ce sur l'autel de la flatterie que nous avons promis de brûler notre encens? Est-ce notre faute à nous si les iniquités présentes ont tant de ressemblance avec les iniquités passées? D'ailleurs ne sommes-nous pas des écrivains sortis des rangs populaires? Et cette considération ne nous commande-t-elle pas d'aller chercher nos inspirations autre part qu'aux sources empoisonnées de la grandeur florissante d'un éclat emprunté? Obscurs, ignorés, notre unique ambition se borne à désirer le bien, à en faire un peu quand nous le pouvons, à arriver au terme de notre carrière avec la réputation d'une probité pure d'obséquiosité. *Nous écrirons pour le peuple*, avons-nous dit en commençant; comment ne persévérerions-nous pas dans cette route, depuis que nous avons compulsé les annales sanglantes des nations? Le peuple, nous l'avons vu toujours grand, toujours magnanime, toujours malheureux, possédant des vertus qu'il puisait dans son propre cœur, entaché de vices, fruit de la mauvaise organisation des sociétés ; et encore ces vices, qu'on lui a reprochés avec emphase, ne nous ont-ils pas été transmis singulièrement envenimés par la mauvaise foi? Quelles leçons consolantes pour l'avenir! Quels étonnans progrès du point de départ au point où nous sommes parvenus dans ce résumé! Aristocraties, priviléges, monarchies, rois, empereurs, religions, ont passé, et quelques-uns des peuples restent debout, écrasant de la célébrité de leurs malheurs la renommée flétrie des potentats qui les chargèrent de fers.

SECONDE PARTIE.

HISTOIRE DU MOYEN AGE.

DEPUIS 476,

JUSQU'A LA PRISE DE CONSTANTINOPLE PAR MAHOMET II, EMPEREUR DES TURCS, EN 1453.

Dans le chapitre précédent, un fait capital domine : la chute du polythéisme et le triomphe complet du christianisme, agent du progrès. Indiquant à peine l'origine du catholicisme, nous nous sommes tus sur ses sectes, ses hérésies, ses disputes théologiques, ses ordres monastiques, sur toutes les causes par lesquelles fut altéré l'esprit réformateur du christianisme : assez d'occasions d'y revenir nous seront offertes par la suite. Dans celui-ci, la scène va changer ; les nations modernes vont jouer leur rôle. Déjà nous avons vu apparaître plus d'une fois le nom de nos ancêtres, et nous nous préparons à nous occuper d'eux presque exclusivement. A l'histoire de notre nation seront rattachés, par ordre chronologique, les événemens les plus saillans de chaque pays. C'est assez d'effleurer le Bas-Empire : sa mission n'est-elle pas accomplie ? Des révolutions de palais, des controverses oiseuses, des empereurs énervés, méritent-ils une attention soutenue au détriment de ce qui s'est passé ailleurs ? Désormais l'œuvre de la civilisation est dévolue à la France; elle ne saurait être confiée en de meilleures mains.

Ce n'est pas que, là comme partout, l'on n'ait à digérer une fastidieuse uniformité de règnes, pour la plupart sans éclat, de naissances, de décès, de mariages insignifians de rois et de princes ennemis des libertés publiques, de débats, d'intrigues, de guerres dynastiques où le peuple avait tout à perdre et rien à gagner; mais on découvre avec plaisir, à travers le récit de ces querelles puériles, si elles n'avaient pas été sanglantes, l'allure libre et fière des Français de nos jours. « L'esprit (August.
» Thierry, *Lettres sur l'Histoire de France*) d'indé-
» pendance est empreint dans notre histoire aussi
» fortement que dans celle d'aucun autre peuple
» ancien ou moderne. Nos aïeux l'ont comprise,
» ils l'ont voulue, non moins fermement que nous;
» et s'ils ne nous l'ont pas léguée pleine et entière, ce
» fut la faute des choses humaines, et non la leur,
» car ils ont surmonté plus d'obstacles que nous
» n'en rencontrerons jamais. Un sentiment de satisfaction, bien pardonnable sans doute, s'empare de notre être, et nous sommes fiers d'être Français quand nous songeons que, dans notre patrie, la cause de la liberté, de l'égalité, de la justice, trouva toujours de zélés défenseurs au milieu même des circonstances les plus critiques : dans les insurrections populaires des 11me et 13me siècles, pour l'affranchissement des communes; dans les émeutes et dans les *Jacqueries* du 14me siècle; comme durant l'invasion des Anglais, sous Charles VII; comme dans la mêlée de la bataille de Bouvines, engagée

et gagnée principalement par les efforts *des roturiers*, nom imposé au peuple par l'inique usurpation des droits les plus sacrés, nom ennobli alors et depuis par des prodiges de valeur, de dévouement, par la pratique constante de toutes les vertus civiques.

Le moyen âge, généralement regardé comme une époque rétrograde, est cependant une de celles où le progrès est le mieux marqué, pour ceux qui ne voient pas seulement, dans les annales du monde, des faits accomplis, indépendans les uns des autres, mais encore une suite de faits liés ensemble, dont l'un amène l'autre pour conduire le genre humain vers un but bien marqué, désigné même par les facultés de l'espèce humaine, par cette perfectibilité surtout qui atteste les vues du créateur; pour ceux, enfin, qui étudient dans les événemens leurs causes, leurs principes, leur enchaînement et non leur seule existence. Que se passe-t-il, en effet, dans le moyen âge? D'abord le catholicisme est réellement fondé, et il étend de toutes parts ses racines, établissant ainsi l'unité religieuse d'où doit ressortir plus tard l'unité politique (et l'unité est un principe de vie et de force) : ce n'est pas tout; le christianisme avait prêché la fraternité, le catholicisme en fait un dogme; ses propagateurs portent dans tout l'univers, à ceux dont ils vont briser les liens charnels, le titre de *frère*, mot qui ne doit plus périr, qui doit éveiller dans les esprits justes l'idée d'égalité entre tous les hommes, qui doit enfin amener après des luttes plus ou moins longues, engagées sous différentes formes, la fraternité elle-même. Les représentans du catholicisme, les papes, sont des instrumens de progrès ; ils prennent la défense des peuples contre les rois. Plus tard, il est vrai, ils aspirent à une puissance temporelle : alors viennent les Templiers, et voilà l'idée d'association, d'association secrète même ; qui paraît sur la terre ; alors se forment divers ordres chevaleresques destinés à défendre l'opprimé contre l'oppresseur ; les chevaliers deviennent galans, courtisans et dévots ; mais la royauté les écrase eux et la papauté : car Philippe-le-Bel a dit : *Dieu et mon épée.* Les rois voudraient être despotes ; les grands vassaux leur font la guerre, et les chargent quelquefois de chaînes ; car l'égalité est déjà dans bien des têtes, dans bien des cœurs. Avant cette époque, c'est un prince qui cherche à détrôner son parent ; c'est un général habile qui réussit (mais rarement) à supplanter son souverain ; ici, c'est le sujet qui attaque et combat chaque jour son roi, qui le défait et lui dicte des lois. Surgissent bientôt les croisades ; l'esprit d'insubordination, de liberté, grandit en Europe pendant l'absence des maîtres, et l'Asie s'imprègne des mœurs de l'Occident. Des monarques voient que le sceptre va leur échapper ; il ne leur reste plus qu'un moyen de le retenir, c'est d'abaisser les grands, de rehausser les petits, et l'affranchissement des communes est le prélude, la cause éloignée, mais la cause véritable de la révolution de 89.

Vers le commencement de cette période, on assiste à l'établissement de plusieurs états dont la plupart, échappant aux vicissitudes des siècles, subsistent encore aujourd'hui.

Les Angles et les Saxons, abandonnant la Chersonèse-Cimbrique (actuellement le Jutland et le Holstein), chassent les Romains et les vieux Bretons (1) de la Grande-Bretagne, où ils fondent cette heptarchie (2) par laquelle fut produite la monarchie anglaise.

Les Visigoths ou Goths occidentaux, originaires de la Germanie, chassés du pays qu'ils occupaient le long du Tibiscus (la Theiss) par les Huns, s'étaient d'abord précipités sur l'Italie, qu'ils avaient ravagée; ensuite, terrassant les Vandales (3) et les Suèves, ils s'emparent du midi de la Gaule et de toute l'Espagne; ils établissent cette monarchie célèbre qui dura jusqu'à l'invasion des Arabes ou Sarrasins.

Les Ostrogoths ou Goths orientaux, également expulsés par les Huns du pays resserré entre le Pont-Euxin et le fleuve Tyras (le Dniester), occupent l'Italie sous la conduite de Théodoric; ils y constituent un royaume auquel Narsès, général de Justinien, mit fin cinquante-huit ans seulement après sa naissance.

Les Allemands proprement dits, commencent à faire parler d'eux. Ceux-là n'avaient pas quitté le sol de la patrie, avec la grande émigration de leurs compatriotes, qui s'était ruée sur l'empire

---

(1) Les Bretons se refugièrent dans le pays de Galles et dans une partie de la Gaule, qui, à raison de ce fait, reçut le nom de Bretagne.
(2) L'heptarchie comprenait sept royaumes : ceux de Kent, d'Estangle, de Sussex, de Mercie, de Northumberland, de Wessex et d'Essex.
(3) Les Vandales s'étant établis dans le midi de l'Espagne, lui donnèrent leur nom, *celui de Vandalousie* ou *Andalousie*.

romain : ils donnent leur nom à une portion considérable de la vaste Germanie.

Les Bourguignons, sortant de cette partie de la Germanie enclavée entre l'Oder et la Vistule, traversent le Rhin et se fixent d'abord le long de ce fleuve, ainsi qu'en Helvétie (Suisse), conduits par Godegésile, leur roi. Plus tard, sous le règne de Gondicaire, son fils, ils étendent leurs conquêtes dans les provinces situées à l'orient de la Saône et du Rhône. Ces provinces, conquises depuis par les Francs, ont conservé le nom de leurs anciens possesseurs, celui de Bourgogne, jusqu'à la révolution française.

Les Francs, enfans de la Germanie, où ils habitaient la rive droite du Rhin, après plusieurs irruptions dans les Gaules, sous la conduite de chefs ou rois sur l'existence desquels l'histoire n'offre que des documens incomplets, après y avoir formé, au nord, des établissemens plus ou moins précaires, parviennent à s'y établir définitivement, vers l'an 481. Les conquêtes de Clovis, qu'on suppose un de nos premiers rois, jettent les semences fructueuses de ce puissant empire, dont les succès et les revers devaient réagir si efficacement sur la marche de l'humanité.

Enfin, les Lombards, autre peuple germanique, envahissent l'Italie et en font la conquête; incontinent ils y fondent un royaume qui eut Pavie pour capitale. Alboin est regardé comme leur premier roi.

Pour rendre notre narration plus simple et plus rapide, nous franchirons tout-à-coup plusieurs empereurs du Bas-Empire : Léon, Zénon, Anastase Ier, Justin Ier, dont les règnes sont marqués par une anarchie déplorable, par des désordres de toute espèce ; Justinien, soupçonneux et timide, célèbre par le recueil des lois, qu'on nomme Code Justinien, plus que par les victoires qu'il remporta, sans sortir de son palais, sur les Perses et les nations barbares, grâce à l'habileté et au courage de l'eunuque Narsès et de Bélisaire (1), ses deux généraux ; Justin II, prince sanguinaire par peur, à qui les Lombards enlevèrent la Haute-Italie ; Tibère II, échangeant un nom taché de tristes souvenirs contre un autre (celui de Constantin) rappelant des actions non moins criminelles ; Maurice, avare à l'excès, détrôné et assassiné bientôt par Phocas, dont la domination, dégoutante de massacres, fut tranchée par Héraclius (2). Nous franchirons aussi l'histoire des invasions, des querelles religieuses, des factions, etc., causes de troubles sanglans et presque continuels, ainsi que celle des événemens par lesquels fut précédé et suivi l'établissement, dans les Gaules, de Clovis (3),

---

(1) Justinien, en récompense de ses services, le disgracia, confisqua ses biens, et lui fit même crever les yeux : à chaque page de l'histoire, on rencontre des exemples de l'ingratitude des rois.
(2) Celui-ci, après avoir commencé par des triomphes sur les Perses, qu'il réduisit à implorer la paix, finit par des défaites et des actions d'une lâcheté révoltante ; il se laissa enlever la Syrie et une partie de l'Asie-Mineure par les Arabes, auxquels il ne rougit pas de payer un honteux tribut.
(3) Clovis, roi des Francs, non moins fourbe et cruel que Constantin, avec lequel il avait beaucoup de points de ressemblance, était, à cette époque reculée, d'une grande pénétration politique. Comprenant que sa qualité d'idolâtre s'opposait à ce qu'il subjuguât définitivement les Gaulois qui étaient chrétiens depuis le 2me siècle,

de ses enfans et de leurs successeurs, résidant à Orléans, à Metz, à Soissons, à Paris, dont les noms, les rivalités, les guerres, les rapines, les cruautés, sont dépourvus d'un intérêt majeur ; négligeant même le pontificat de Grégoire Ier, surnommé le Grand, canonisé par l'Église en récompense de ses grands efforts pour anéantir les sectes et les hérésies, pour propager la foi catholique, nous sauterons à Mahomet, fondateur d'une religion renfermant un système politique complet.

Mahomet ou Mohammed, Arabe de nation, né à la Mecque vers l'an 569, appartenait à la tribu de Korée et à la famille d'Hasem. Fils unique d'Abdalla et d'Amina, qu'il perdit dès son bas-âge, il fut dépouillé par ses oncles de l'héritage de ses parens, dont il ne conserva que cinq chameaux et une servante éthiopienne. Elevé sous la tutelle de son oncle Abu-Taleb, il acquit une position aisée en épousant Cadijah, riche veuve, au service de laquelle il était entré à l'âge de 25 ans. Sa vie n'offrit rien d'extraordinaire jusqu'à sa 40me année. Quand il commença à se livrer à la contemplation religieuse, en se retirant seul dans la caverne d'Héra, située à trois milles de la Mecque ; quand il prit le titre de prophète et qu'il publia le Koran (1), il n'avait à offrir que la pratique vulgaire de vertus privées.

---

il épousa Clotilde de Bourgogne, princesse chrétienne, embrassa le christianisme, et se fit baptiser, l'an 496, à Reims, avec trois mille de ses guerriers. Nous ne dirons rien ici de la Sainte-Ampoule, fiole merveilleuse, imaginée depuis, et consacrée à huiler les rois de France, le jour de leur sacre ; c'est un conte ridicule, digne tout au plus de figurer dans les rêveries des *Mille et une Nuits*.

(1) « Le Koran est l'évangile de l'Orient, évangile bien affaibli

La personne de Mahomet était belle dans son ensemble : son air imposant et majestueux, ses yeux vifs, son sourire agréable, sa barbe touffue et flottante; son maintien calme et animé, selon les circonstances ; sa politique grave et cérémonieuse, respectueuse pour le riche, compatissante pour le pauvre; sa vaste mémoire, son esprit facile, les éclairs de son imagination, son jugement sain, l'aisance de son élocution, son éloquence naturelle, le silence même qu'il savait observer à propos, toutes ces qualités et beaucoup d'autres, lui concilièrent l'affection générale, le rendirent éminemment propre à jouer le rôle de prophète inspiré de Dieu. Un fait digne de remarque, bien capable de nous donner une appréciation juste de son génie, c'est qu'illettré, n'ayant jamais appris à lire et à écrire hors du grand livre de la nature et de l'humanité, il conçut, par la seule force de son intelligence, la noble mission de réunir ses compatriotes sous l'inspiration d'un seul Dieu, d'une seule loi.

Convertir ses proches fut pour Mahomet une œuvre longue et difficile. Ayant employé trois années à quatorze conversions, il ne débuta réellement dans ses fonctions d'apôtre que la quatrième. Alors il invita quarante membres de sa famille à un festin, et il leur communiqua en ces termes son apostolat:

---

tout imbu des passions charnelles et ambitieuses de son auteur ; cependant, en beaucoup de choses, c'est une imitation du Saint-Livre Le mahométisme, en effet, est fils de l'arianisme, parce que Arius avait enseigné que Jésus n'était qu'un prophète; Mahomet vint dir qu'il était, lui, le dernier prophète, et il fut cru des populations où l'arianisme avait séjourné, et où il l'avait, en quelque sorte, annoncé. » (Buchez et Roux, *Histoire parlementaire*.)

« Mes amis et mes parens, je vous offre, et je
» puis seul vous offrir les plus précieux dons, les
» trésors de ce monde et du monde à venir. Dieu
» m'a ordonné de vous appeler à son service. Qui
» de vous m'aidera à supporter le fardeau de ma
» mission? » Ces propositions furent accueillies
avec incrédulité, avec mépris même, par tous les
convives : un seul, Ali, son cousin, âgé de 14 ans,
rompant le silence, fit cette réponse ferme et
courageuse, vraiment extraordinaire pour son âge :
« O prophète! je serai ton visir envers et contre
» tous. Si quelqu'un ose s'élever contre toi, je lui
» briserai les dents, je lui arracherai les yeux, je
» lui romprai les jambes, et lui déchirerai le
» ventre. » Cependant, dans la suite, le nombre
des prosélytes s'étant accru jusqu'à quatre-vingt-trois
hommes et dix-huit femmes, ses oncles Amza et
Omar, qui, plus tard devenu calife, fut une des plus
fermes colonnes de l'Islamisme, fortifièrent son
parti en s'enrôlant sous les bannières du Koran.

Le peuple de la Mecque refusant d'ajouter foi à
l'islam, condamné à mort par les Koréishites, sur la
proposition d'Abu-Sophian, chef de la république
de la Mecque, ennemi juré de la famille d'Hasem,
Mahomet s'enfuit précipitamment, accompagné de son
ami Abu-Beker. Après s'être tenus cachés trois jours
dans la caverne de Thor, distante d'une lieue de la
Mecque; après avoir échappé, à force de prières et de
promesses, aux mains des émissaires des Koréishites,
après soixante jours de tribulations inouïes, les deux
fugitifs arrivèrent à Médine, où ils furent parfaitement accueillis. De cette fuite date l'ère des nations

mahométanes, observée par elles encore aujourd'hui, sous le nom d'*Hégire*.

Mahomet, à peine installé à Médine, y cumula les fonctions de roi, de législateur et de prêtre, employant tour à tour la persuasion et le glaive pour parvenir à ses fins. Quelques combats heureux gagnés sur les Koréishites, la division des chefs ennemis qu'il sut intimider ou séduire, la soumission des tribus arabes à ses doctrines, l'enthousiasme et la discipline de ses sectaires, lui ouvrirent à la fin les portes de la Mecque après sept ans d'exil, et affermirent sa puissance. En peu de tems, maître absolu de l'Arabie, il convoitait la possession de la Syrie et de la Perse, quand une maladie mortelle, dont il fut atteint à Médine (l'an 632), l'empêcha de réaliser ses projets.

Il nous paraît logique d'examiner ici jusqu'à quel point la religion du prophète de la Mecque a hâté ou comprimé l'essor de l'esprit humain. Quoique nous ne prétendions pas nous prononcer sur cette question d'une manière tranchante et absolue, ni surtout donner à cette appréciation la forme d'un jugement sans appel, nous ne craindrons pas d'affirmer qu'immédiatement elle fut un incontestable progrès. D'un côté, le christianisme, étrangement fourvoyé de son principe par les doctrines de saint Antoine, de saint Augustin, de saint Athanase, et des autres pères de l'Église, était devenu, comme catholicisme, la religion de l'Occident ; mais il avait rempli sa tâche en Orient, où des controverses animées et sans fin, engendrant une déplorable anarchie dans les croyances, dans les idées,

avaient multiplié les obstacles à l'établissement de l'unité catholique ; en un mot, ce n'était plus la simplicité du culte primitif : le culte de ces tems renfermait les inconvéniens du polythéisme ; dans les temples de l'empire, les prières s'adressaient aux reliques et aux images d'une infinité de martyrs, d'anges, de saints, etc. D'un autre côté, les Arabes, peuple généreux, hospitalier, courageux, doué d'un génie vigoureux, possédant enfin toutes les vertus susceptibles de le rendre célèbre, végétaient obscurément sur une terre aride, adonnés aux superstitions les plus grossières ; idolâtres, ils adoraient le soleil, la lune, les étoiles. Ainsi, on le voit, la mission de Mahomet est nettement tracée : il s'agit de proscrire l'idolâtrie ; il s'agit d'imprimer à l'Orient une direction forte, puissante, unitaire, en harmonie avec ces passions incandescentes qu'un climat de feu développe chez les habitans de ces contrées ; il s'agit de leur prescrire un régime capable de flatter leurs sens embrasés ; il s'agit de leur inspirer l'amour de la justice et de la fraternité, une valeur indomptable dans les batailles, l'abnégation de soi-même, la soif du prosélytisme ; eh bien ! il n'y faillira pas. A sa voix, l'unité de Dieu est proclamée : *il n'y a qu'un seul Dieu, et Mahomet est l'apôtre de Dieu.* Et ce Dieu « il l'adore
» (voyez Gibbon, *Chute et décadence de l'Empire*
» *Romain*) comme auteur de l'univers, comme un
» être éternel et infini, sans forme, sans habitation,
» sans issue, sans ressemblance, présent à nos
» plus secrètes pensées, existant par la nécessité
» de sa propre nature, tirant de lui-même toute

» perfection morale et intellectuelle. » Cette citation et les suivantes nous donneront une légère idée des principes promulgués par cet homme extraordinaire : *Adorez Dieu : soyez justes, soyez compatissans envers vos semblables, et pour récompense vous habiterez un paradis délicieux où vous goûterez, dans les bras de houris divines, des plaisirs toujours nouveaux. Faites une guerre implacable aux incrédules et aux infidèles ; forcez-les à embrasser vos dogmes ou à vous payer un tribut. Recherchez qui vous chasse ; donnez à qui vous ôte ; pardonnez à qui vous offense ; faites du bien à tous ; ne contestez point avec les ignorans. Ceux qui périront en combattant, une place leur est réservée en paradis ; les lâches mourront ignominieusement et avant les autres.* Tels sont les préceptes renfermés dans le Koran, livre qu'on prétend avoir été dicté par Mahomet : on y trouvera du fanatisme ; mais le fanatisme n'a-t-il pas souvent produit de grandes choses ? Ici évidemment il a fondé un vaste empire.

Après avoir fait la part de l'éloge, il nous sera permis de faire celle de la critique. A ce titre, nous serons amenés à conclure que si, à son apparition, la promulgation du Koran contribua au progrès, il n'en fut pas de même dans la suite des tems : (1) les idées de destin et de prédestination,

---

(1) Le Koran rendit le mahométisme anti-progressif, parce que, confondant sur la même tête, le pouvoir spirituel et le pouvoir temporel, il établit en principe que la justice et la raison étaient là où résidait la force ; de sorte que les nations musulmanes n'ont pu progresser malgré le pouvoir, tandis que les nations chrétiennes n'ont cessé d'avancer, même malgré le pouvoir.

adoptées par ce livre dans le sens le plus absolu, ont singulièrement paralysé l'élan des nations musulmanes; c'est à cette cause principalement qu'il faut attribuer l'immobilité de leur civilisation. Le vrai croyant se précipite avec témérité au milieu du péril des batailles, parce qu'il est sûr de ne pas mourir ni plus tôt ni plus tard que s'il restait tranquillement dans son lit : quand le feu prend à sa maison, quand son visir ou son pacha lui demande sa fortune ou sa vie, quand le malheur l'accable, il croise impassiblement les jambes : *Dieu le veut!* (Allah!) dit-il; ne serait-ce pas un crime énorme de s'opposer à ses décrets éternels? Un tel dogme inspirant la conviction d'un résultat fatal, s'opérant par la seule force des choses, a produit, chez ces nations, une indifférence atonique, désespérante, en opposition avec tout stimulant progressif; car le fatalisme pétrifie industrie, commerce, vertu, intelligence, sciences, arts, découvertes, tout enfin. Avoir émis une pareille doctrine est une tache dont les éminentes qualités de Mahomet ne parviendront jamais à le blanchir. Nous aurions bien d'autres griefs à lui imputer, mais en voilà assez sur son compte : à quoi bon détailler une à une toutes ses actions criminelles, actions auxquelles une nécessité politique supérieure ne servit pas toujours d'excuse? A quoi bon raconter son orgueil, ses vengeances, ses fraudes, ses cruautés, ses injustices, l'abus qu'il faisait de ses droits de prophète (1), les inspirations qu'il prétendait recevoir

---

(1) Se dispensant d'observer les lois qu'il avait imposées à sa

de l'ange Gabriel, céleste messager des oracles divins? Oh! oui, en voilà assez sur un imposteur qui eut l'impudence de se proclamer le confident privilégié de la Providence; qui, s'érigeant en législateur populaire par le chemin du mensonge et de l'iniquité, préconisa comme un mérite incontestable l'observation ridicule de certaines formules, de certaines postures, de certaines prières, inutiles au bien-être de soi-même et de ses semblables, bonnes seulement à dérober un tems précieux à la recherche de la raison et de la vérité!

Après la mort de Mahomet, ses successeurs prirent le titre de calife, c'est-à-dire *vicaire*. Sous les règnes d'Abu-Beker, d'Omar (1), d'Othman, de Mohaviyah (2) et de leurs héritiers, les Arabes

---

nation, lois qui restreignaient la licence illimitée de la polygamie à quatre femmes légitimes ou concubines, qui condamnaient l'adultère comme une offense capitale, qui punissaient la fornication, de la part de l'un ou de l'autre sexe, de cent coups de verge ou de bâton; il se livrait immodérément au penchant de ses grossières voluptés : toutes les femmes lui étaient abandonnées sans réserve, chacun regardant comme un honneur d'offrir son contingent aux coupables désirs de l'envoyé de Dieu.

(1) La fanatique ignorance d'Omar a coûté à la science une perte irréparable. Amrou, un de ses généraux, avait conquis l'Égypte. Désirant faire présent de la fameuse bibliothèque d'Alexandrie à Jean, surnommé *Philaponus* à cause de ses connaissances philosophiques et grammaticales, il écrivit au calife pour en obtenir l'autorisation. *Si les écrits des Grecs*, répondit celui-ci, *sont conformes au livre de Dieu, ils sont inutiles et n'ont pas besoin d'être conservés; s'ils sont contraires au Koran, ils sont pernicieux et doivent être détruits.* Une aveugle soumission ne permit pas de désobéir à cet ordre : le nombre des volumes de cette bibliothèque était si considérable, qu'une version évidemment exagérée prétend qu'il suffit pour chauffer pendant six mois les quatre mille bains d'Alexandrie.

(2) Chef de la dynastie des Ommiades à laquelle succéda celle des Abassides, qui éleva l'empire des Arabes au plus haut degré de sa splendeur par l'incorporation de la Mésopotamie et de la Perse,

se mirent en possession, par la force des armes, de la Syrie, de l'Égypte, de toute la Mauritanie jusqu'à l'Océan ; ils mirent deux fois le siége devant Constantinople, d'où ils ne furent repoussés la seconde fois (vers l'an 716) que par l'action meurtrière du feu *grégeois* (1) ; s'étant mêlés (vers 710) avec les Maures, peuple avec lequel ils avaient beaucoup de ressemblance, ils poussèrent leurs conquêtes jusqu'en Espagne, où un descendant des Ommiades, Abdérame, fonda depuis le royaume de Cordoue ; ils envahirent encore une partie de la France dont ils se seraient peut-être rendus maîtres, sans la valeur de Charles-Martel, qui les vainquit à Poitiers (l'an 732) et les refoula au-delà des Pyrénées.

Ceci nous ramène à l'objet principal, aux commencemens de notre histoire. L'organisation civile de la société romaine se maintint sans altération sensible dans les Gaules, jusqu'après l'invasion des Normands, sous les derniers rois Francs de la race Carlovingienne. Les Francs ayant servi dans

---

dont le second empire fut détruit vers l'an 652. Le siége de la domination musulmane, d'abord fixé à Damas par Mohaviyah, fut, après lui, transféré à Bagdad. Depuis lors, les califes, dépouillant la simplicité primitive, se jetèrent dans le faste et dans l'indolence ; la férocité des mœurs de la nation s'adoucit ; elle devint polie, lettrée, et fit dans les sciences des découvertes importantes dont nous avons profité. Qu'on n'aille pas trouver dans ces paroles une contradiction avec ce que nous avons dit précédemment sur le fatalisme. Les faits ont prouvé que la doctrine de Mahomet avait été un progrès ; mais dans la suite des tems, le fatalisme rendit les Musulmans stationnaires ; de même que l'abnégation de soi-même, outrée par les disciples du Christ, est venue annihiler en partie les bienfaits de sa doctrine égalitaire.

(1) Il paraît que dans ce feu, activé même par l'effet de l'eau, entrait le *naphte* mélangé avec du soufre et de la poix extraite du bois de sapin vert.

les armées romaines, y avaient appris aussi leur tactique militaire; s'ils abandonnèrent la discipline, ils conservèrent l'art des fortifications, et de plus perfectionnèrent les machines de guerre. Les conquérans, soumis à leurs lois nationales, laissaient aux conquis leurs mœurs, leurs habitudes, et souvent même leurs propriétés. « C'est toujours (Châteaubriand, *Etudes historiques*) l'*empire barbare romain*, tel qu'il existait plus d'un siècle avant l'invasion de Khlovigh (Clovis). Seulement le peuple vainqueur qui s'est substitué à la souveraineté des Césars parle sa langue maternelle, et se distingue par quelques coutumes de ses forêts; le fond de la société est demeuré le même. Au lieu de généraux Romains, on voit des chefs germaniques qui se font gloire de jeter sur leur casaque étroite et bigarrée la pourpre consulaire qu'on leur envoie de Constantinople, mais à laquelle ils n'étaient pas étrangers. Tout était romain : religion, lois, administration........ La nature des propriétés ne changea pas davantage sous la domination des Francs : l'esclavage était de droit commun chez les Barbares comme chez les Romains. Les Gaulois, que la conquête franke trouva libres restèrent libres; ceux qui ne l'étaient pas portèrent le joug auquel les condamnaient le code romain, les lois salique (1), ripuaire,

---

(1) C'est une erreur de croire que cette loi avait exclu à perpétuité les femmes de l'exercice de la royauté. Seulement elle excluait les femmes de la succession au domaine paternel, n'assimilant aucune magistrature à la propriété d'une terre; dans aucun de ses articles, il n'était question de la succession aux magistratures (lisez Augustin Thierry, *Lettres sur l'histoire*). Si nous plaçons ici cette observation, c'est afin de n'être pas obligés d'y revenir.

» saxonne, gombette et visigothe. La propriété
» moyenne continuait à se perdre dans la grande
» propriété..... » Cependant une innovation est à
remarquer ; le clergé, alors agent démocratique,
puisqu'il était élu par le peuple, assujétissait sous
un lien commun, celui de la religion catholique,
les vaincus et les vainqueurs. Plus d'une fois il
intervint avec succès pour la pacification générale.
Continuant seul l'étude des lettres, de la philosophie
et de la théologie, tout absurde qu'elle était alors,
il acquit la juste prédominance que devait donner
la science parmi des barbares qui n'en avaient aucune :
il gouverna les peuples et les rois. La société entière
prit la forme ecclésiastique ; des conseils particuliers,
composés d'évêques et de chefs militaires, décidaient,
avec les rois, des affaires publiques, communiquées
ensuite superficiellement aux grandes assemblées
générales des champs de Mars et de Mai.

On pourrait écrire des volumes sur l'étymologie
du mot *Franc* et sur celle de *Mérovingien*, dénomination donnée aux rois de la première race; sur les
nombreuses émigrations des peuplades Frankes
d'Outre-Rhin, ayant des mœurs, des lois et des
chefs à part, d'une origine même distincte, quoique
appartenant toutes à la race Germanique (1); sur
les costumes, les armes, les goûts sauvages de ces
peuples, *les plus fougueux* (expressions d'Augustin

---

(1) En effet, les unes se rattachaient à la branche occidentale et septentrionale de cette grande race, à celle dont l'idiome original a produit les dialectes et le patois du bas allemand ; les autres étaient issues de la branche centrale, dont l'idiome primitif, adouci et un peu mélangé, est aujourd'hui la langue littéraire (voyez Augustin Thierry, *Lettres sur l'histoire de France*).

Thierry, *Lettres sur l'Histoire de France*) *ennemis qu'ait eus la domination romaine ; de ceux qui, dans leurs invasions multipliées, mêlaient à l'ardeur du pillage une sorte de haine fanatique ; qui, jusque dans les préambules de leurs lois, plaçaient des chants de triomphe pour eux et des injures pour les vaincus ; qui, lorsque leur roi hésitait à se mettre en marche pour une expédition qu'ils avaient résolue, le menaçaient de le déposer, l'injuriaient et le maltraitaient ; qui, au milieu des villes ruinées et des campagnes livrées au pillage, tiraient au sort des lots d'argent, de meubles, de vêtemens, de terres ; sur les premières amitiés entre les vainqueurs et les vaincus se formant au milieu de la licence de la vie barbare et de la ruine de tout frein social, par une émulation de rapine et de désordre ;* sur les nobles efforts du clergé catholique pour extirper les pratiques féroces et les superstitions apportées au nord de la Gaule ; sur la distinction inique établie par la législation du vainqueur, en vertu de laquelle la vie d'un indigène n'était prisée, d'après le taux des amendes, qu'à la moitié du prix fixé pour celle des conquérans étrangers ; sur les grandes assemblées des champs de Mars et de Mai, où les hommes de pur sang germanique, se rendant en armes, étaient consultés sur les affaires de l'État, depuis le premier jusqu'au dernier ; sur les différences énormes existant entre les populations hétérogènes habitant la surface de la France actuelle, populations privées d'un centre d'administration uniforme, sans communauté d'origine, de langage, d'habitudes, d'intérêts civils et politiques, ennemies ou rivales entr'elles jusqu'à leur tardive fusion en une seule nation; sur les variations singulières éprouvées par une langue, d'abord entièrement tudesque, et sans nul rapport avec le français actuel; sur ces partages indéfiniment renouvelés entre les princes (1) du sang royal, morcellement arrêtant sans cesse l'unité territoriale; sur les maires du palais (2), dont l'élection, comme celle des rois, appartenait à la nation souveraine; sur les guerres civiles du 7me siècle, entre les deux tribus Frankes, *les Saliskes* et *les Ripewares*, se terminant au commencement du 8me par une réaction, c'est-à-dire par un changement de dynastie dont les conséquences furent de transporter la domination des Mérowings (Mérovingiens), représentans de la première tribu, aux Karolings (Carlovingiens), représentans de la seconde. On pourrait également écrire de longues pages sur tant d'autres causes qui, de près ou de loin, ont contribué à la constitution puissante de la monarchie; mais on n'aura pas de peine à sentir que de tels dévelop-

---

(1) Les fils des rois héritaient des domaines de leurs pères comme des biens territoriaux appartenant à ces derniers : ils n'héritaient pas du pouvoir royal qui était conféré par l'élection. « Quand le roi distribuait entre ses enfans ses trésors ou ses terres, il n'avait besoin du consentement de personne : il ne faisait qu'un acte de propriétaire ou de père de famille. Mais pour faire accepter comme chef, par les guerriers, le fils auquel il avait donné ses biens, dans telle ou telle portion du territoire, il lui devenait indispensable d'obtenir le consentement de ceux-ci; et l'usage était de le demander. » (Augustin Thierry, *Lettres sur l'histoire de France*.)

(2) Les fonctions de maire du palais, incompatibles avec celles de prêtre et d'évêque, représentaient dans le principe celles de duc ou chef d'armée. Cette charge, temporaire d'abord, puis viagère, enfin héréditaire, finit, d'empiètement en empiètement, par abolir les assemblées générales, par accaparer tous les pouvoirs civils et militaires, même le pouvoir royal (voyez Châteaubriand, *Etudes historiques*).

pemens, dépourvus d'un intérêt d'actualité, absorberaient notre cadre et nous empêcheraient de nous étendre sur les révolutions modernes qui nous touchent bien plus vivement.

Comme, à l'exception des tentatives heureuses du clergé vers le point culminant de sa domination, comme, à l'exception du commencement, des développemens, des nombreuses transformations du régime féodal, il n'y a rien de saillant à observer sous les rois de la première et de la seconde race, nous ne nous amuserons point à retracer les règnes obscurs des successeurs de Clovis, de ces fantômes de monarques désignés sous le nom de *fainéans*, par suite de la nullité complète où les plongeaient les maires du palais, et dont le dernier, Chilpéric III, fut relégué dans un cloître par Pépin (1), surnommé *le Bref*, à cause de sa petite taille, auquel commença la seconde dynastie, la dynastie *Carlovingienne*, et qui vit son usurpation, pour employer ici le langage de la légitimité, sanctifiée par le pape Zacharie, jetant ainsi les germes de cette colossale prééminence sur les pouvoirs de la terre, arme puissante et meurtrière, alors instrument de régénération, mais depuis source de perturbations sanglantes ; nous ne nous arrêterons pas même à Charlemagne, quoique le vainqueur des Frisons, des Lombards, des Sarrasins, des Avares, etc., etc.; quoique le conquérant fondateur d'un immense

(1) Pépin, en vertu de l'onction du pape, acquit le caractère des personnes sacrées, dont le meurtre était frappé d'excommunication, le caractère de prince dans l'Église, comme il l'était dans l'armée : c'est le premier roi de France qui prit le titre de Roi *par la grâce de Dieu*.

empire, limité au sud par l'Ebre, au nord par la Baltique, à l'orient par la Vistule ; quoique le législateur impartial promulguant les fameuses capitulaires, monument de sagesse relativement à l'époque où ces lois parurent, après avoir consulté les délibérations des assemblées nationales du champ de Mai, dans lesquelles figuraient annuellement les députés de chaque province, et parmi eux des députés pris dans les rangs du peuple ; quoique le créateur de nombreuses écoles et bibliothèques ; quoique le protecteur éclairé des savans qu'il attirait dans ses états, dont il récompensait avec munificence les travaux utiles pour la révision et la reproduction des anciens manuscrits, qu'il réunissait en une Académie tenant ses séances dans son propre palais, fût digne au plus haut degré de captiver notre attention : nous ne nous y arrêterons pas, quoiqu'il ait reconstitué l'empire romain d'Occident en se faisant décerner, à Rome (l'an 800), le titre d'Empereur par le pape Léon III, en récompense du secours qu'il avait plusieurs fois prêté aux intérêts du Saint-Siége ; quoiqu'il ait poursuivi l'œuvre du progrès moral et intellectuel avec une perspicacité et une persévérance qui font le plus grand honneur à son génie dans un siècle si peu civilisé ; quoique toutes ses guerres eussent pour objet de constituer sur des bases larges et solides l'unité franque, d'empêcher les peuples barbares de venir le troubler dans ses projets de réorganisation intérieure (1) ; quoiqu'il eût pour objet essentiel de

---

(1) Charlemagne soumit sous son joug les peuples de la Gaule

dissiper les ténèbres de la barbarie européenne en ressuscitant les sciences et les arts étouffés sous les invasions multipliées des bandes indisciplinées de la Germanie et de la Scythie, et cela par l'entremise des Francs qu'il avait entrepris de mettre en tête de la civilisation ; quoiqu'il se soit servi du catholicisme (1) comme d'un agent propre à s'assujétir irrévocablement les peuples qu'il n'avait que vaincus, qu'autrement il ne pouvait espérer de contenir que par la force des armes, force naturellement précaire : nous ne nous y arrêterons pas, parce que ces

---

sur lesquels la domination franque n'avait pesé qu'indirectement jusqu'alors : les habitans de l'Aquitaine, d'origine romaine pour la plupart, en hostilité tantôt sourde, tantôt déclarée, mais sans interruption, contre les Francs ; les habitans de la Bretagne, par le même motif ; il mit fin à l'empire des Lombards, ennemis naturels et implacables des Francs, pour imposer enfin un terme à la guerre d'extermination que se faisaient les deux peuples, pour renverser cet obstacle à son expédition contre les Saxons : s'il extermina ces derniers, ce fut encore pour obéir à une nécessité politique, à une idée de civilisation ; ce fut parce qu'il ne pouvait espérer de répit tant qu'existeraient en corps de nation ces terribles peuplades, dont les irruptions, depuis long-tems renouvelées, compromettaient de plus en plus l'intégrité du territoire franc.

(1) Charlemagne, en subordonnant l'autorité des évêques de son empire à l'autorité centrale du pape, en se réservant le droit de nommer les évêques et de gouverner à sa guise l'église gallo-franque, de convoquer les conciles et d'en diriger les délibérations, soit par lui, soit par ses délégués ; Charlemagne, en commettant une partie de l'autorité publique aux mains des hauts dignitaires ecclésiastiques, possesseurs de la confiance des masses, qu'il transformait en vrais fonctionnaires, en vrais magistrats, pour plier ces mêmes masses sous la bienfaisance de ses conceptions gouvernementales, pensait remédier ainsi à l'anarchie religieuse qui avait régné pendant les dernières années de la race mérovingienne : il pensait qu'en vertu de la prédominance exclusive qu'il se réservait sur la papauté, obligée de reconnaître son infériorité à chaque élection de pape, en prêtant serment de fidélité à l'empereur, il se ménageait un moyen efficace d'administrer toute la chrétienté ; mais, dans la suite des tems, l'humble vassal, *le serviteur des serviteurs de Dieu*, reniant son obscure origine, a relevé une tête altière et foulé sous ses pieds superbes les destinées des peuples et le bandeau des rois !

institutions, qu'il avait revêtues à un certain point du sceau de la justice (1) et de l'égalité qui commanderait peut-être l'excuse de son despotisme, si le despotisme pouvait être excusé, ne lui survécurent pas long-tems; parce que le flambeau de la civilisation, qu'il avait allumé, s'éteignit à sa mort par les divisions, l'incurie, l'incapacité ou le mauvais vouloir de ses héritiers; parce que l'unité politique de son empire ne tarda pas à être violemment disloquée par l'incompatibilité des nations et des races dont la cohésion n'attendait, pour se dissoudre, que d'être débarrassée du bras pesant de l'homme extraordinaire qui en comprimait les écarts, et cela principalement par l'absence totale de pensées civilisatrices, de voies de communication aptes à rapprocher entr'elles les populations hétérogènes de ces vastes états, alors non assez mûres pour concevoir les avantages d'une émancipation précoce; nous nous arrêterons bien moins encore sur les descendans de Charlemagne (2), presque tous méprisés et méprisables, exécrés à cause de leurs vices honteux, ou de leur fâcheux bigotisme, ou

---

(1) Entr'autres celles des *missi dominici*, fonctionnaires résidant auprès de l'empereur, envoyés temporairement par lui dans les provinces pour surveiller la conduite des ducs, des comtes, de tous les magistrats subalternes dans l'administration de la justice, pour réformer l'iniquité de leurs jugemens, les rappeler incessamment au sentiment de leurs devoirs, à l'obéissance à la lettre et à l'esprit de la loi, pour protéger la faiblesse du peuple contre la puissance des grands, etc. (voyez Mably, *Observations sur l'histoire de France*).

(2) L'influence des princesses royales et impériales joua un grand rôle au milieu des désordres de la cour des descendans de Charlemagne, à cause d'un fait qu'il n'est pas inutile de citer : La femme de l'empereur chargée de l'administration des revenus du domaine impérial, gérait le ministère que nous appelons aujourd'hui ministère des finances.

de leur coupable indolence, ou de leurs basses contestations ; sur Louis Ier, prince faible et parjure, surnommé *le Pieux*, probablement parce qu'il était dévot ; sur Charles-le-Chauve, conduit, par sa cruelle ambition, à teindre ses mains du sang de ses neveux, du sang même de son propre fils, léguant à son fils Louis II *le Bègue*, qu'il ne précéda que de quelques mois dans la tombe, des possessions considérables avec le titre d'empereur ; sur Louis III et Carloman, monarques de quelques instans ; sur Charles-le-Gros, fourbe dans sa stupidité, d'un caractère ombrageux et féroce, dernier roi qui réunit sur sa tête les états de Charlemagne, et auquel succéda, soit comme roi des Francs, soit comme tuteur de Charles-le-Simple, Eudes, élu roi quoiqu'il n'appartînt pas au sang de Charlemagne, pour s'être signalé en repoussant les invasions des Normands ; sur Charles III, dit le Simple, fils posthume de Louis-le-Bègue, dont la lâcheté, incapable de maintenir l'intégrité du territoire, céda la Neustrie, depuis lors nommée Normandie, à Rollon, chef des Normands, pirates saxons, à qui il donna sa fille en mariage ; sur ce Charles mourant détesté de ses sujets, dans les fers où il avait été jeté par Raoul, duc de Bourgogne, son compétiteur au trône, auquel il faisait valoir les droits de son frère Robert, comte de Paris, tué dans une bataille ; sur Louis IV, dit d'*Outre-Mer*, parce qu'il avait été élevé en Angleterre ; sur Lothaire, doué de quelque énergie, enlevant la Basse-Lorraine à Othon II, empereur d'Allemagne ; enfin, sur Louis V, surnommé *le Fainéant*, à la mort duquel Hugues-

Capet, duc de France, se mit en possession de la couronne, malgré les prétentions de Charles de Lorraine, oncle du dernier roi : Hugues-Capet est le premier roi de la troisième race, de la race *Capétienne*.

Jetons un coup-d'œil sur l'église et sur la féodalité, telles qu'elles étaient alors.

Dans notre sollicitude, pour être parfaitement compris, nous placerons ici une déclaration que la plupart de nos lecteurs trouveront peut-être oiseuse, mais que nous croyons, nous, nécessaire, non pas pour ceux qui nous connaissent, mais pour ceux qui ne nous connaissent pas. — Nous ne sommes pas les admirateurs *quand même* de l'église catholique, ni des prêtres ses agens, ni du système civil, politique et religieux qu'elle était parvenue à asseoir, dans ces tems d'ignorance, sur la lâcheté des rois autant que sur la superstition des peuples ; nous ne sommes pas les enthousiastes exclusifs des croyances du catholicisme, ni des maux innombrables dont ces croyances ont été la cause ou le prétexte, aboutissant à l'intolérance, au fanatisme, aux exclusions tyranniques, à l'obéissance passive, aux guerres atroces, aux bûchers de l'inquisition, aux saturnales de toute espèce ; non, nous ne poursuivons pas de nos regrets cette société déchue, où le clergé, à-la-fois fonctionnaire, magistrat, chef d'armée, souverain, exerçant tous les attributs de la puissance civile, religieuse, politique, militaire, consacrait à son gré l'inégale répartition des jouissances et des charges sociales ; où, spéculant sur les frayeurs religieuses des gens de guerre et des monarques, il les lavait de leurs extorsions, de leurs rapines, même du meurtre; il leur assurait le paradis moyennant une indemnité, moyennant la fondation d'un bénéfice, d'une abbaye, d'un monastère; où un laïque à cheval mettait pied à terre quand il rencontrait un ecclésiastique : mais comme nous tenons à être justes pour avoir ensuite le droit de nous montrer sévères, comme nous devons constater le progrès, quelque part que nous le rencontrions, nous reconnaîtrons franchement qu'à cette époque de carnage et de dévastation, le catholicisme, interposant cette influence salutaire, dont seul il pouvait disposer, entre les vaincus et les vainqueurs, conserva en partie les bienfaits de la civilisation romaine ; nous reconnaîtrons avec satisfaction que, par l'unité de ses doctrines, il préserva l'Europe des atteintes que portaient à l'activité intellectuelle et à la centralisation gouvernementale, le paganisme du Nord (1), le

---

(1) « Il suffit de posséder quelques généralités sur la doctrine sociale des Barbares du Nord, pour que l'on reconnaisse que leur destruction fut un bienfait. Toutes ces religions du Nord, quel que fût leur nom, admettaient qu'il existait deux races d'hommes, l'une venue du bien, l'autre du mal : la première, d'origine divine, ayant une ame immortelle; la seconde n'ayant, ainsi que les animaux, qu'une ame mortelle comme leurs corps. Les prêtres et les guerriers étaient de la première : c'étaient des dieux mortels; les esclaves et presque toujours les ennemis étaient de la seconde. Aussi tout ce qui venait de la naissance était juste : le pouvoir et le bien pour les uns; les misères et le mal pour les autres. Or, comme il y a toujours lutte entre le bien et le mal, de même la guerre était continuelle. C'était aux guerriers qu'appartenait particulièrement cette fonction du combat. Pour avoir droit aux récompenses éternelles, ils devaient périr les armes à la main; celui qui mourait en lâche, autrement que par le glaive, était puni dans l'autre vie. La sévérité du culte répondait à la férocité des doctrines, car c'était par des sacrifices humains qu'on attirait la protection des dieux. Plus le sang de la

mahométisme (1) et l'arianisme (2), insurgés contre les principes autour desquels se groupèrent, poussées par une sublime inspiration, une foule de nations d'intérêts diamétralement opposés, sans nulle connexité entr'elles.

Les conciles, dont l'usage avait été souvent répété, s'étaient régularisés; ils avaient servi de modèle aux assemblées délibérantes des deux premières races. Les évêques, primant sur tous à cause de la culture de leur esprit, avaient fini par

---

victime était précieux, plus le sacrifice avait de puissance. D'ailleurs rien qui ressemblât à ce que, dans la société romaine, on appelait arts, sciences, industrie. Leur art, c'était ce culte barbare et tous ces mystères sombres et redoutables dont on pourra lire le détail dans l'*Histoire des Celtes;* leur science, c'était la magie; leur industrie, la guerre. C'est comme un reste, comme une émanation de ces doctrines, que nous sont venues toutes ces superstitions contre lesquelles l'Église n'a cessé de lutter dans les premiers siècles, c'est-à-dire tant qu'elle a été éclairée : ces croyances aux sorciers, aux présages, aux magiciens, etc., etc. » (Buchez et Roux, *Histoire parlementaire.*)

(1) Contrairement à l'Église catholique, professant la doctrine du dévouement, compagne inséparable de la raison et de l'équité, la doctrine de la foi, c'est-à-dire l'illumination de la grâce ou la liberté de choisir entre le bien et le mal, le mahométisme enseignait sur la Providence une doctrine assujétissant les choses sociales à une prédestination aveugle : l'on est maintenant à portée de préciser les résultats du fatalisme en Perse, en Arabie, à Maroc, à Fez, partout où ses développemens n'ont éprouvé aucune entrave.

(2) Ailleurs nous avons eu l'occasion de nous expliquer sur l'arianisme, sorte de christianisme complaisant, prétendue doctrine gouvernementale, se prêtant à tous les rôles, refuge de toutes les incrédulités, de toutes les ambitions égoïstes, de tous les partisans déclarés ou secrets des vieilles croyances, de toutes les personnalités menacées dans leurs intérêts ou dans leurs habitudes. Il serait trop long d'énumérer comment il contribua à détruire l'empire romain, mais il est facile de supposer combien son triomphe eût préjudicié à l'activité intellectuelle, quand on saura que les Ariens se trouvaient parmi les riches, les puissans, les fauteurs des hautes classes, parmi les subtils discoureurs, tandis qu'on trouvait les catholiques parmi le véritable peuple, parmi les pauvres, les enthousiastes des idées nouvelles, les hommes dévoués subordonnant leurs avantages privés à ceux de l'humanité.

occuper, dans la société civile, le rang qu'ils occupaient dans la société religieuse : ils siégeaient dans toutes les assemblées ; dans les plaids (où les affaires importantes, ainsi que la confection des lois, étaient soumises aux évêques et aux seigneurs), ils jugeaient avec les rois ; souverains dans leurs villes épiscopales, ils en remplissaient les hautes attributions : ils rendaient la justice, battaient monnaie, levaient des impôts et des soldats, etc.

L'unité ecclésiastique étendait partout ses bras civilisateurs. Sa hiérarchie, partant depuis l'évêque jusqu'au souverain pontife, descendait jusqu'à l'humble clerc de paroisse.

Il existait un clergé séculier comprenant le prêtre, le diacre, le sous-diacre, le curé, le vicaire, constitué de manière à favoriser le mouvement progressif, les besoins généraux, en opposant les lois romaines aux coutumes absurdes et arbitraires de la conquête, en commandant sans cesse l'affranchissement, en gratifiant ses vassaux (et il en avait) de certaines immunités, en frappant de ses excommunications locales (et ces excommunications emportaient la mort civile) certains usages, certains tyrans. Quand il faisait cela, il avait incontestablement pour objet l'augmentation de sa puissance ; mais cette puissance étant elle-même plébéienne, puisqu'elle revendiquait la liberté du peuple, puisqu'élective depuis la plus basse fonction jusqu'à la plus haute, celle du pape, accessible à tous les chrétiens, quel que fût leur rang, même aux laïques, elle répandait des idées de liberté qui, à la longue, devaient tourner au profit de l'espèce humaine.

Le clergé séculier était appuyé, fortifié au dehors par le clergé régulier. Celui-ci, embrassant les diverses communautés d'hommes et de femmes, était composé d'ordres mendians où la plèbe, victime des exactions seigneuriales, s'enrôlait en foule, parce qu'elle y trouvait cette indépendance que lui refusaient les institutions civiles. Retenant de l'évangile ses principes d'égalité, elle tonnait en chaire contre le despotisme des seigneurs féodaux : munie du bourdon, le capuchon sur la tête, elle n'était plus soumise au servage ; elle bravait l'omnipotence terrestre de ses maîtres orgueilleux ; elle lui adressait en face d'outrageantes leçons.

Au clergé séculier, la mission de secourir les malades dans les tems de peste et de maladies épidémiques ; de mourir en combattant, dans les tems de guerre, pour la défense des villes; d'endosser une armure et de monter à cheval dans les batailles, malgré l'interdiction canonique ; de se porter aux incendies pour les éteindre; de racheter les captifs ; de saisir, dans un intérêt de civilisation, l'homme à sa naissance ; de le suivre dans les divers actes de sa vie, dans son éducation, dans son mariage, etc. ; de ne l'abandonner que sur les bords de la fosse.

Au clergé régulier, c'est-à-dire au clergé démocrate, la gloire de nous avoir conservé dans ses asiles inviolables, les langues et les sciences de l'antiquité. A lui la gloire de s'être occupé, au milieu des loisirs de la solitude, de musique, de peinture, de sculpture, de gravure, d'architecture ! A lui la gloire de nous avoir fourni une suite non interrompue de maîtres d'astronomie, d'arithmétique, de géométrie, de droit civil, de physique, de médecine, d'humanités, de tous les arts enfin, depuis Clovis jusqu'au tems où les universités religieuses elles-mêmes produisirent au grand jour les trésors enfouis dans les couvens! A lui la gloire d'avoir multiplié, d'avoir transcrit, soit par ordre, soit par mortification, soit par pénitence, les anciens auteurs profanes : Homère, Virgile, Horace, Tite-Live, Cicéron, Tacite, Suétone, etc.! Cependant, comme le mal se place fréquemment à côté du bien, il faut avouer que, par une cupidité ou une vanité déplorables, il gratta quelquefois les vieux manuscrits pour substituer au texte véritable l'acte d'une donation ou quelques élucubrations pédantesquement scolastiques.

Si les richesses territoriales du clergé, contre lesquelles on s'est élevé avec raison, s'étaient démesurément accrues, nous ne devons pas trop le regretter. Les deux tiers de ces richesses, possédés par la partie plébéïenne, tournèrent encore au profit de la sociabilité. Déjà considérables sous les empereurs romains, elles absorbaient, à la fin de la seconde race, la moitié du territoire franc. La dîme, les naissances, les mariages, les décès, étaient, pour ce corps privilégié, une mine de revenus inépuisables. Les abbayes, les monastères, possédaient beaucoup de terres dont l'exploitation était remise entre les mains de colons qui en percevaient les fruits moyennant certaine redevance. Ici encore nous apercevons un instrument de progrès : « L'abbaye, dit Châteaubriand, devint

« de main-morte pour la loi ecclésiastique, et
» acquit par la loi féodale une sorte de souveraineté :
» elle eut sa justice, ses chevaliers et soldats; petit
» état complet dans toutes ses parties, et en même
» tems ferme expérimentale, manufacture (on y
» faisait de la toile et des draps) et école. »

Nous considérons aujourd'hui comme très nuisibles, l'accaparement d'une propriété immobile; le célibat, cause de dépopulation et de débordemens domestiques; l'autorité monacale, source d'abus scandaleux. Mais alors ces établissemens portaient des fruits prospères, parce que toujours dans leur virilité, ne mourant jamais, accroissant incessamment leurs biens sans pouvoir jamais les perdre, n'ayant pas à traverser, comme la famille, des tems de tutelle et de minorité, mille autres inconvéniens attachés à la nature de la femme, ils exerçaient sur les esprits une influence progressive d'autant plus continuellement salutaire, que ses membres n'étaient pas obligés de pourvoir aux besoins pressans de la vie agitée, de la vie misérable de l'époque.

Enfin, une fois que le clergé, accaparant tous les pouvoirs, se fut rendu redoutable aux princes; une fois que la papauté, à l'étroit dans son autorité spirituelle, eut ceint le bandeau royal; une fois qu'elle eut traité d'égal à égal avec les dominateurs des peuples; une fois qu'elle se fut arrogé le droit de signer le testament des rois, d'approuver ou de désapprouver le partage des royaumes, en un mot, de disposer des couronnes; une fois qu'elle eut réduit des empereurs à l'humiliation de tenir l'étrier doré de leur blanche monture, à celle de venir baiser la poussière de leurs pieds; une fois surtout que la centralisation catholique, posant son foyer à Rome, eut pu éblouir de ses larges rayons, de ses rayons vivificateurs, l'immense étendue du monde chrétien, la civilisation ne se reposa plus; alors, prenant une allure fière et déterminée, elle pulvérisa tout ce qui voulait comprimer son essor; alors aussi le brillant prestige de la papauté elle-même s'évanouit, parce qu'elle voulut marcher au rebours des idées rénovatrices.

Hommes de la nouvelle génération, hommes de l'égalité, c'est-à-dire de la justice, gardons-nous de fermer les yeux sur les antiques bienfaits d'une institution maintenant usée; gardons-nous de les nier ces bienfaits, parce qu'elle a trop abusé de sa force; parce qu'encore, à l'heure où nous parlons, le dernier de ses titulaires, dans le silence du Vatican, sans cesse aux aguets pour écouter si la tempête populaire ne mugit pas au dehors, prête à disperser, au gré des vents, les lambeaux d'une grandeur décrépite, regrette ce glaive de l'excommunication, jadis si tranchant, dont sa main débile désirerait, mais n'ose serrer la poignée : ces tems sont passés, bien passés pour ne plus revenir; ne les déplorons pas; des tems meilleurs les ont remplacés; tant mieux !..... d'autres leur succéderont bientôt, où les découvertes des siècles antérieurs, loin d'être répudiées, seront modifiées, utilisées; tant mieux encore !.... Oui, ne craignons pas d'avouer que si les papes ont joui d'une prépondérance illimitée, inconnue dans l'antiquité, c'est que cette prépondérance émanait d'un principe plus élevé, plus vivace, plus fécond que tout ce qui avait dominé auparavant; c'est qu'ils obéissaient aux inspirations hardies de l'opinion publique; et l'opinion publique est la reine du monde! et malheur à ceux qui en outragent les oracles!.... Croit-on que, sans sujets, sans armées, tantôt dissolus et couverts de crimes, tantôt ne croyant pas même au Dieu qu'ils adoraient, ils auraient pu déclarer les trônes vacans et les livrer au premier occupant, forcer les monarques à venir se prosterner à leurs genoux pour solliciter le pardon de leurs fautes; qu'ils auraient pu mettre les royaumes en interdit, fermer les églises, priver les nations entières de leur culte par une expression seule : *excommunication*! anathématiser les souverains, dans ce cas abandonnés de leurs sujets, de leurs domestiques, de leurs proches, comme des pestiférés dont on aurait appréhendé le contact; qu'ils se seraient fait obéir dans tout le globe par quiconque professait la foi catholique; croit-on qu'ils auraient opéré toutes ces merveilles, s'ils n'eussent été les représentans de la démocratie dont ils exerçaient la généreuse souveraineté? Non, évidemment non: plus tard nous verrons leur pouvoir chanceler, leurs foudres s'émousser, quand, désertant les nobles traditions de leurs devanciers, ils favorisèrent en Italie les armes impériales, au détriment de cette même démocratie à laquelle ils devaient leurs éclatans succès.

Passons à quelques développemens sur la féodalité. A ne l'envisager que sous une seule face, on la trouve abominable, absurde, tyrannique au suprême degré; l'on s'étonne de cette complication monstrueuse de juridiction enchevêtrant le pays dans une infinité de coutumes bizarres et atroces. Ces *seniores* ou seigneurs, exerçant la plénitude de justice civile et politique dans leurs domaines, ne se faisant pas faute de multiplier à leur profit les amendes et les confiscations, ayant la faculté exorbitante de frapper, mutiler, et même de tuer impunément leurs serfs, *vassaux de bas étage* (1); de les mener de force à la guerre pour y combattre à pied, tandis qu'eux, *se regardant probablement comme pétris d'un plus noble limon*, combattaient à cheval couverts d'une armure de fer; de les accabler de corvées, de tailles, de péages, de taxes de toute espèce; de les humilier par des droits seigneuriaux dont la pudeur et la nature rougissent (2), ces seigneurs inspirent au penseur humanitaire des réflexions amères sur l'affreux malaise de la plèbe (le peuple proprement dit), *taillable et corvéable à*

---

(1) On appelait vilains ceux de la campagne, bourgeois ceux des villes et bourgs : tous étaient condamnés à ne produire que dans l'intérêt des seigneurs qui venaient souvent vivre chez eux à discrétion avec leurs *hommes*, *sergens et varlets*; ils étaient mainmortables, c'est-à-dire incapables de rien posséder en propre; leurs enfans n'étaient pas héritiers du peu qu'ils avaient pu acquérir par leur travail, et dérober à la rapacité de leurs oppresseurs.

(2) Nous n'en mentionnerons que deux : quelquefois un seigneur ordonnait que, pendant les couches de sa femme, ils battraient les étangs pour faire taire les grenouilles du voisinage; le droit de *marquette*, de *cuissage*, de *prélibation*, c'est-à-dire celui de coucher avec sa vassale la première nuit de ses noces, était exercé, non-seulement par les seigneurs, mais aussi par les prêtres, qui s'étaient faits seigneurs, et dont la conduite n'était pas très exemplaire : ils fréquentaient les cabarets, ils joutaient dans les tournois, ils entretenaient publiquement des concubines, ils prêtaient à usure, etc. Ce n'est pas tout : ils permettaient aux laïcs de se livrer aux mêmes désordres moyennant certaines sommes. L'infracteur des réglemens de l'Église s'exposait à une amende bien

merci et à miséricorde : cependant, quand, abstraction faite de toutes ces douleurs, on recherche en quoi la féodalité a servi à la loi du progrès, on découvre trois améliorations capitales :

1° Elle mit fin à l'esclavage, remplacé par le servage : or, le servage recommença la petite propriété agricole, et cette propriété donnant au peuple un léger relief, lui inspira le sentiment de ses droits, par suite le désir de son indépendance.

2° Elle est venue fournir le principe sur lequel s'est établi celui de l'unité du territoire, bien loin qu'elle l'ait morcelé ce territoire, suivant l'opinion vulgairement adoptée; et en avançant cela, nous sommes heureux de nous étayer des recherches de M. Augustin Thierry, parce qu'il est, de tous les historiens que nous avons lus, le seul qui nous paraisse avoir restitué à la question sa véritable couleur. Les conquêtes primitives des Francs, ensuite celles de Pepin et de Charlemagne, avaient été impuissantes à opérer une véritable fusion entre des peuples étrangers l'un à l'autre, même entre les diverses populations de la Gaule, notamment entre celles du Nord et du Midi. Quand, par suite de ces antipathies invétérées, des insurrections locales

---

au-dessus de celle exigible pour un horrible attentat; par exemple, faire gras le mardi, ou manger du fromage les jours de jeûnes, était tarifé à *vingt carlins*, et l'on était absous d'un parricide seulement pour *cinq*. O impudeur !

(1) Sous la seconde race, l'esclavage avait complètement disparu, et il en résulta ce bel axiome de jurisprudence nationale : *Tout esclave qui met le pied sur la terre de France est libre*. Les serfs affranchis devinrent colons ou fermiers propriétaires moyennant une redevance; on les vendit bien encore en vendant la terre, mais on ne les vendit plus comme individus avec les autres bestiaux. (Voyez Chateaubriand, *Et. histor.*)

eurent éclaté, il se forma, du 9me au 11me siècle, entre la Loire, les Pyrénées, les Alpes et les deux mers, une foule de petits états qui, privés de tout lien central, se seraient atrophiés, si le vasselage territorial, impliquant la sujétion d'une possession à l'autre, n'avait prévenu un démembrement inévitable ; s'il n'avait pas été contraire à l'isolement d'une indépendance funeste en forçant les grands vassaux (1) à reconnaître la suprématie suzeraine des petits souverains de l'Ile-de-France. Ceux-ci se prévalurent avec habileté du titre de leur souveraineté (celui de royaume), de leur position centrale, du caractère belliqueux de leurs sujets, pour prendre insensiblement un droit effectif de supériorité au détriment des ducs ou comtes, d'abord indépendans, mais astreints plus tard aux devoirs de la féauté, du moment qu'ils se reconnurent vassaux et *hommes-liges* des rois de France de la troisième race. « Ces rois, dit Augustin Thierry, dans ses *Lettres sur l'Histoire de France*, enveloppant, comme dans un vaste réseau, leurs acquisitions territoriales, se garantirent de ces démembremens qui avaient ruiné autrefois l'œuvre de la force brutale dans les conquêtes de Chlodowig (Clovis), et l'œuvre de la puissance éclairée dans celles de Karle-le-Grand (Charlemagne). »

3° La succession royale, héréditaire par droit de

---

(1) « Le système féodal était basé sur la fidélité. L'inférieur se nommait *vassal*, le supérieur *suzerain* ou *seigneur*. Le roi, comme roi, n'était le vassal de personne, si ce n'est de Dieu, comme on disait, et ses vassaux avaient sous eux d'autres vassaux dont ils étaient seigneurs : ces subdivisions étaient à l'infini. » (F. Bodin, *Résumé de l'hist. de France.*)

primogéniture, de même que l'unité monarchique, provient de la féodalité (1). Cette hérédité, qui est en soi une immense injustice, était alors un bien, un progrès, parce qu'elle perpétuait, alors dans la même famille, mais dans un calcul d'égoïsme privé, il est vrai, cette soif de domination sur des vassaux redoutables, aboutissant, pour dompter les grands, à affranchir peu à peu les inférieurs des lourdes chaînes dont ils étaient accablés, de ces chaînes dont la force de l'habitude les empêchait de sentir tout le poids. L'émancipation des communes en fut

---

(1) Sous les rois de la première race, le commandement était purement militaire : de son vivant, le roi investissait ses fils d'un commandement ou d'un grade qu'ils conservaient après sa mort. Ainsi, ces disputes entre frères qu'on a prises pour des guerres de nation à nation, de royaume à royaume, n'étaient que des guerres à cause d'un commandement. Voilà ce qui explique pourquoi tout roi laissant un enfant trop jeune pour l'investir d'un grade militaire, se trouvait obligé de confier sa fortune à venir à quelqu'un de ses frères ou de ses oncles, déjà revêtu d'un commandement, sur la promesse chanceuse que celui-ci faisait d'appeler un jour son protégé au partage du pouvoir. Quelquefois ce devoir était légué à un simple général provincial, à un duc; voilà pourquoi on vit des ducs et des maires choisir des rois. Commandans militaires, ils nommaient sous eux d'autres commandans militaires. Seulement ils sentaient la nécessité de choisir les plus élevés dans la famille de Clovis, parce que depuis long-tems, quasi-légitimité, fondée sur de grands services rendus à la nation, elle était vénérée par l'opinion publique. Sous la deuxième race, bien que le droit de légiférer au civil eût été annexé au droit de réglementer pour la milice, les révolutions intérieures n'en demeurèrent pas moins purement militaires, jusqu'à la transformation de cette organisation militaire et civile en organisation entièrement civile. Sous la troisième race, la loi de la vassalité héréditaire remplaça la loi de la vassalité par élection. « Quand la féodalité fut complète, quand ce ne furent plus les hommes qui régirent les hommes, mais les terres qui régirent les terres, et par celles-ci les hommes eux-mêmes, chaque terre exerçant toujours ses droits par son représentant légitime, c'est-à-dire par le successeur légitime de son propriétaire antérieur, il n'y eut plus rien d'électif. Un domaine fit le roi, comme un autre faisait le duc, le comte, le vicomte; et ainsi fils de comte fut comte, fils de duc fut duc, fils de roi fut roi. » (Aug. Thierry, *Let. sur l'histoire de France.*)

la première conséquence. Cette émancipation, à laquelle on est bien obligé de remonter pour y découvrir le germe des plus belles conceptions régénératrices, ne se serait pas peut-être effectuée sans le secours d'une royauté héréditaire, se transmettant à perpétuité sans l'assistance même indirecte d'une volonté publique ignorante de ses véritables intérêts, sans le prestige inhérent à la fiction d'une royauté tenant de Dieu seul ses pouvoirs avec les priviléges très étendus regardés comme le droit personnel du haut titulaire, propriétaire au-dessus de tous les propriétaires.

Pour caractériser ce régime féodal tout-à-fait insolite, ignoré des anciens états, et qui ne nous semble plus à nous qu'un rêve pénible, il serait nécessaire d'écrire de longues pages; notre espace étant limité, nous terminerons par une citation de quelques mots : « Les bénéfices (Laponneraye, *Dictionn. historique*) militaires (1) existaient depuis les premiers siècles de l'ère chrétienne...... Charles-Martel institua beaucoup de bénéfices nouveaux en faveur de ses lieutenans et des principaux

---

(1) « Les rois, à l'exemple des Romains, donnèrent des terres ou bénéfices militaires, pour un tems d'abord, puis pour la vie. Les grands, *leudes* ou *fidèles*, qui approchaient le plus des rois, qui combattaient à leurs côtés, qui formaient leur conseil et leur prêtaient serment, transmirent par la suite ces concessions en héritage. Chacun d'eux avait au moins un *sénoriat*, une *seigneurie*, nom emprunté à l'organisation municipale des Romains, et par lequel les Francs, ou même avant eux les Gaulois, désignèrent la puissance publique attachée au domaine, et une supériorité sur les terres voisines. Ici commence la féodalité, sorte de souveraineté du château sur la terre, du propriétaire sur l'habitant. Les *seniores* ou seigneurs devaient nécessairement devenir autant de petits tyrans. » (F. Bodin, *Résumé de l'hist. de France*.)

guerriers de son armée. Les possesseurs de bénéfices furent appelés *vassaux*. Les bénéfices furent rendus héréditaires par Charles-le-Chauve, et prirent le nom de *fiefs* (1). Sous l'empire de la féodalité, les terres étaient divisées en trois classes : 1° *les terres nobles* ; on appelait ainsi les terres qui se subdivisaient en fiefs simples et en fiefs de dignité ou terres titrées, tels que les duchés, les comtés et les baronnies ; 2° *les rotures* (2) ou terres relevantes des fiefs ; elles étaient possédées par des roturiers soumis à la féodalité et sujets des seigneurs ; 3° *les aleux* ou terres qui n'étaient point soumises à la féodalité : les aleux étaient en petit nombre. Hugues-Capet fut reconnu par les autres seigneurs *comme le premier entre ses pairs* (3), ce qui était

---

(1) « Le fief était une sorte d'usufruit ; le seigneur donnait le fief au vassal, à la charge par celui-ci de le suivre à la guerre, et, en retour, il lui garantissait sécurité et protection.... Les *roturiers*, ou *vilains*, ou *rustiques*, n'étaient pas vassaux mais sujets du seigneur ; et requis par lui, ils devaient marcher sous sa bannière. Dans cette échelle politique et sociale, chaque degré n'avait d'autorité que sur le degré immédiatement inférieur. » (F. Bodin, *Résumé de l'hist. de France.*)

(2) Les rotures, à l'encontre des autres terres, étaient surchargées de redevances, de contributions, de corvées, etc.

(3) « Les pairs avaient existé avant la pairie ; dans l'origine, les pairs étaient des jurés qui prononçaient sur des différends advenus entre leurs égaux. La pairie prit un caractère politique quand les fiefs se convertirent en biens patrimoniaux et héréditaires. Les pairs du roi furent des seigneurs plus puissans que les pairs d'un comte ou d'un duc. — L'introduction de la dignité de la pairie favorisa l'élection des Capétiens. Il y avait sept pairs laïques ; Hugues en était un : les six autres pairs, dont les seigneuries relevaient immédiatement de la couronne, s'entendirent, comme aujourd'hui des électeurs s'entendent dans un collége électoral, pour porter leurs voix sur leur compagnon. La pairie se trouva ainsi réunie à la royauté, et il ne resta que six pairs de France. L'égalité était si complète entre les pairs, qu'Hugues-Capet ayant demandé à Adalbert *qui l'avait fait comte*, Adalbert lui répondit : *ceux qui t'ont fait roi.* Outre les pairs laïques, il y avait des pairs

bien loin de la monarchie absolue, telle que la fit plus tard Louis XI. A l'époque où Hugues-Capet s'empara du pouvoir royal, il y avait sept grands fiefs féodaux : les duchés de France, de Bourgogne, de Normandie et d'Aquitaine ; les comtés de Flandre, de Toulouse et de Vermandois. Sous les derniers descendans de Charlemagne, le domaine royal était réduit à la seule possession de la ville de Laon ; Hugues-Capet ajouta à ce domaine le duché de France, qui se composait des comtés de Paris et d'Orléans. »

A Hugues-Capet se termine la dynastie *Franco-Germanique* ; dans sa personne, dans celle de sa dynastie, commence la véritable nation française. Il établit le droit d'aînesse dans la succession royale, en associant Robert, son premier fils, à la couronne par le moyen du sacre, imité en cela par Robert et par les quatre rois ses successeurs immédiats. Par Hugues-Capet, l'unité du royaume fit un pas : ce qui contribua le plus à la fonder, ce fut le choix qu'il fit de Paris pour capitale ; nous verrons, en son lieu, combien ce choix influa puissamment sur le perfectionnement moral et matériel de la société. Sa mort arriva en **996**.

Robert, roi de France, dont le principal mérite consistait *à chanter habituellement au lutrin*, eût

---

ecclésiastiques du ressort du trône, à la différence des autres seigneuries qui n'avaient point de pairs ecclésiastiques. On peut dire de la pairie, avant ses différentes dégénérations, qu'elle était une espèce de sénat de rois, ou, plus exactement, un conseil aristocratique supérieur à la royauté même. — Quand les pairs furent au nombre de douze, on les appela *les douze compagnons*, et Froissard les nomme *frères du royaume de France*. » (Châteaubriand, *Etudes historiques*.)

été trop heureux d'être un dévôt hébété, si cette dévotion n'eût pas dégénéré en cruauté. Héritier des traditions de son père, Hugues-Capet, il sut pourtant contenir quelque peu les grands vassaux. Marié à Berthe de Bourgogne, sa parente au quatrième degré, avec laquelle il avait été parrain, il fut excommunié, pour ce fait, par le pape Grégoire V. Obligé de la répudier, il épousa en secondes noces Constance, fille du comte de Provence; cette femme, par son caractère furibond, empoisonna les dernières années de sa vie. On a osé publier qu'il était d'une humeur paisible; or, cela ne l'empêcha pas, après une pénitence, de faire condamner et brûler avec un grand appareil, à Orléans, des hérétiques et des manichéens (l'an 1026); et le despote de Rome, si chatouilleux sur des intérêts minimes, qui avait astreint ce faible roi à venir s'humilier devant lui, dans sa ville papale, pour obtenir le pardon d'un prétendu cas incestueux, resta muet et impassible en présence de pareilles horreurs qu'il approuvait au lieu de les foudroyer avec ces anathêmes dont il était ailleurs si prodigue! Sous Robert, décédé en 1031, une famine affreuse désola la France; des milliers de personnes furent victimes de ce fléau : la faim fut tellement poignante, qu'on vit, assure-t-on, des seigneurs *aller à la chasse aux hommes*, et un boucher vendre publiquement de la chair humaine.

A Robert succéda Henri Ier. Homme timide et nul sous tous les rapports, il ne put s'opposer à la consolidation de la suprématie hiérarchique des papes. Léon IX, d'une humeur acariâtre et guerroyante, bien que la charité évangélique lui commandât la douceur et la paix, tint, contrairement à la volonté du roi, un concile dans lequel il se fit déclarer chef suprême de l'église : la France fut souvent maîtrisée par des légats (délégués du pape); l'archevêque de Reims eut aussi la prétention de sacrer exclusivement les héritiers de la couronne, droit exorbitant impliquant le droit d'élection, qu'il obtint du pape par l'intermédiaire de ses légats. Les Capétiens transmirent aussi la couronne jusqu'au tems où Philippe-Auguste, se sentant assez fort pour ne pas recourir à une investiture humiliante, se passa avec raison d'une cérémonie plutôt nuisible qu'utile, c'est-à-dire sans force, lorsqu'elle est en désaccord avec la raison publique. De plus, alors le désordre était à son comble : ce n'était que guerres, brigandages, querelles de seigneurs contre seigneurs, querelles, au reste, sans éclat, compromettant parens, amis, alliés, pour les motifs les plus frivoles, ensanglantant quelquefois pour trente ans plusieurs cantons, plusieurs provinces, changeant en autant de forteresses les châteaux, les manoirs, les abbayes des contendans. Pour adoucir le mal, on proclama (l'an 1041), dans un concile, *la trève de Dieu* : cette loi ecclésiastique, tombée bientôt en désuétude, défendait de se battre du samedi soir au lundi matin, par respect pour des jours consacrés à la célébration des saints mystères de la vie et de la mort de Jésus-Christ.

Le long règne (de 1060 à 1108) de Philippe Ier, fils du précédent, est fécond en événemens remarquables, parmi lesquels le plus célèbre de tous est la première croisade, conçue par Gerbert, pape français (à l'effet de conquérir la Palestine sur les *infidèles* Musulmans, détenteurs de la terre-sainte, rançonnant impitoyablement les dévôts pélerins qui se transportaient en grand nombre en Orient pour visiter le sépulcre du divin fils de Marie), et réalisée par un simple ermite, nommé Pierre, à la voix duquel une foule immense, de tout âge, de tout rang, de toute nation, se croisa (1) dans un concile présidé et tenu (l'an 1095), à Clermont-Ferrand, par le pape Urbain II, et partit en s'écriant : *Dieu le veut!* Vingt mille croisés, seuls restes échappés aux désastres d'une expédition lointaine, s'emparèrent de Jérusalem (l'an 1099), sous le commandement de Godefroi-de-Bouillon, seigneur français, un de leurs chefs, qu'ils créèrent roi de ce pays. Avant d'apprécier les résultats des croisades, examinons l'état du monde à la fin du 11me siècle.

Le Bas-Empire, ou l'Empire Grec, affaibli au dedans par ses controverses théologiques (2), par ses révolutions de palais, par l'extension démesurée des ordres monastiques, et mille autres causes de destruction, au dehors par les invasions de Turco-

---

(1) Ceux qui prenaient les armes s'appelaient *croisés*, parce qu'ils portaient sur leurs vêtemens une croix d'étoffe rouge.
(2) Le schisme entre l'église latine s'opéra vers l'an 1053. La première assurait que le Saint-Esprit procédait du père seul, peut-être par le fils ; au lieu que la seconde soutenait qu'il procédait à la fois du père et du fils : quel galimathias! Photius, ambitieux laïque, capitaine des gardes, élevé au patriarchat de Constantinople, commença (dans le 9me siècle) cette division en accusant l'église romaine d'hérésie ; dans le siècle suivant, Michel Cérulaire, aussi patriarche grec, consomma définitivement la scission dans une

mans (1), acharnés à la proie de ses plus belles provinces, annonce déjà une décomposition lente, indice d'une ruine assurée plus ou moins prochaine. Depuis l'impératrice Irène (2), la plupart de ses empereurs s'étant signalés par des vices honteux, aucun d'eux ne s'étant élevé au-dessus de la foule par une capacité transcendante, ce serait leur faire trop d'honneur que de leur consacrer seulement un nom et une date. Alors règne à Constantinople un prince hypocrite dont la prudence consommée et la finesse extraordinaire redonnent un peu de vie à un état sur le penchant du précipice : c'est Alexis Comnène, usurpateur (l'an 1081) de la couronne sur Nicéphore-Botoniates son oncle, qu'il avait confiné dans un monastère. Après avoir invoqué l'appui de la chrétienté, il conçoit des craintes lorsqu'il voit ses états traversés par trois cent mille croisés dont la conduite indisciplinée est peu faite pour le rassurer, et il a recours à toutes sortes de ruses pour traverser cette entreprise.

L'empire des califes est bien déchu de sa splendeur : ce n'est plus cette colossale puissance, qui,

---

lettre virulente adressée au peuple de la Pouille, que les Normands venaient de conquérir : ils en avaient rétabli les églises sous la juridiction de la papauté. Le patriarche irrité avertit ses co-religionnaires de se tenir en garde contre les erreurs des Latins ; et le pape, à son tour, incapable de dissimuler une injure, envoya ses légats excommunier le patriarche grec, à Constantinople, jusque sur l'autel de Sainte-Sophie.

(1) Les Turcomans, ou Turcs originaires de la Tartarie, étant entrés à la solde du calife (vers le 10me siècle), embrassèrent le mahométisme et détruisirent le califat.

(2) Elle avait conçu le projet de ressusciter l'empire romain dans toute son intégrité : dans ce but, elle proposa sa main à Charlemagne, maître de tout l'occident. Si ce mariage s'était effectué, ses résultats sur la marche de l'humanité eussent été incalculables.

sous Aaron-Al-Raschild et ses successeurs, maîtresse de l'Asie, de toutes les côtes septentrionales de l'Afrique, de l'Immaüs de l'Atlas, de l'Espagne, etc., promulguait ses lois dans une étendue de plus de deux mille lieues. Divisé en une foule d'états par la rébellion de gouverneurs qu'il n'avait pas été assez fort pour contenir à une distance éloignée, le califat, entouré d'une vaine pompe et de stériles hommages, ne jouit plus, dans sa résidence de Bagdad, que d'une autorité nominale (spirituelle), grâce à la tolérance de ceux qui l'ont dépouillé. Les Fatimistes en Asie, les Gasnévides (1) dans l'Inde, les Bouhides en Perse, principales dynasties issues de ces démembremens, ont été absorbés par une dynastie de Turcomans, celle des Seldjoucides, laquelle s'est subdivisée (l'an 1092) en quatre branches : l'aînée de ces branches constitue la dynastie Persane ; les trois autres, tributaires de celle-là, établissent les dynasties de Kerman, de Syrie et de Roum (2).

La Pologne s'agite pour se constituer. Elle était, dans le principe, gouvernée despotiquement sous la dynastie de Piast, bourgeois élevé au rang de duc,

---

(1) Mahmoud, chef de cette dynastie turque, est le premier qui ait pris le titre de sultan. Son empire s'étendait depuis la Transoxiane jusqu'aux environs d'Ispahan et des rivages de la mer Caspienne, à l'embouchure de l'Indus.

(2) La première (celle de Kerman), régnant dans une contrée obscure, sur les bords de l'Océan Indien, ne fit point parler d'elle ; la seconde chassa les princes arabes d'Alep et de Damas; la troisième envahit le Bas-Empire. A l'époque de la première croisade, les Turcomans occupaient une portion de l'Asie-Mineure, de la Syrie et de la Palestine, d'où ils furent momentanément expulsés par la valeur des croisés, mais qu'ils recouvrèrent ensuite avec l'assistance des Sarrasins, quand l'enthousiasme religieux se fut peu à peu refroidi.

en 860, époque où avaient été créées les dignités de *Magnat*, de *Palatin*, de *Waivodes*. Les Polonais, ces descendans des Slaves qui habitaient anciennement le pays compris entre la mer Baltique et la mer Noire, avaient embrassé le christianisme en 965. La Pologne n'avait été réellement érigée en royaume que vers le commencement du 10me siècle. Boreslas Ier en est regardé comme le véritable fondateur ; il avait rendu son pays formidable, et l'avait élevé à la hauteur des premiers royaumes de l'Europe, en lui donnant une organisation toute militaire. Depuis ce tems, la Pologne s'était agrandie considérablement, tellement, qu'à la mort de Boreslas III (l'an 1102), elle comprenait, entr'autres provinces, le duché de Pologne proprement dit, le duché de Sandomir, la Moravie, la Kuïavie, la Silésie, la Poméranie, etc.

Les peuples de l'ancienne Scandinavie, c'est-à-dire les Suédois, les Norwégiens et les Danois, habitans des pays septentrionaux de l'Europe, ne marquent pas encore. Une seule chose à remarquer, c'est que, pendant les 9me et 10me siècles, ils avaient ravagé les côtes d'Allemagne, d'Angleterre et de France, sous le nom de Normands ; ils s'étaient convertis au christianisme dans le courant du 11me siècle.

La Russie est loin de rêver l'asservissement de l'Europe. La monarchie des Moscovites ou Russes, descendans des Sarmathes et des Slaves, avait été fondée en 862 par un chef Scandinave, nommé Ruric, dont la dynastie a subsisté pendant sept cents ans. Il avait pris le titre de *Grand-Duc*, et établi sa capitale à Kiew. Ses conquêtes, celles de ses successeurs ayant étendu cet état depuis la mer Baltique et la mer Blanche jusqu'au Pont-Euxin, avaient inspiré de vives alarmes aux empereurs de Constantinople dans le cours du 10me siècle. Environ l'an 972, le grand-duc Wolodimer avait introduit en Russie la religion catholique grecque, en recevant le baptême à la sollicitation d'une princesse grecque, sœur de l'empereur Bazile, qu'il avait épousée. Celui-ci, et plus tard (l'an 1054) Jaroslaw Ier, ayant légué leurs états à leurs nombreux enfans, ces partages eurent des conséquences désastreuses : l'an 1136, la Russie, minée par de longues guerres civiles, devint la conquête des Tartares-Mongols, qui la retinrent deux siècles dans le plus dur esclavage.

La Bohême, de duché transformée en royaume par la protection des empereurs d'Allemagne, tient à honneur de les soutenir, en témoignage de sa reconnaissance pour les secours qu'elle en a reçus dans ses guerres avec la Pologne, dont elle a secoué le joug.

La Hongrie, convertie à la foi chrétienne la dernière année du 10me siècle, embrasse, au contraire, le parti des papes, parce que ces pontifes couronnent ses rois, dont ils avaient canonisé le premier, Etienne, qui, n'étant que simple grand-duc, se fit proclamer roi (l'an 1000).

L'Angleterre, depuis longtems sortie de son obscurité, donne des appréhensions à la France, à laquelle elle montre déjà une marine qu'elle doit au farouche Guillaume, un des vassaux de son roi.

www.ingramcontent.com/pod-product-compliance
Lightning Source LLC
Chambersburg PA
CBHW050340170426
43200CB00009BA/1672